El
*Gánese a la clientela femenina*

«Bridget Brennan nos ofrece un manual maravilloso para orientarnos en el mundo de las mujeres consumidoras. En *Gánese a la clientela femenina*, Brennan da los lectores perspectivas valiosas que pueden aprovecharse desde la oficina más pequeña hasta el piso de ventas».

—INDRA NOOYI, presidenta, PepsiCo

«En una era de inigualable velocidad, comodidad, selección y precio, ganarse a la clientela femenina requiere el dominio de cada elemento de la experiencia del cliente, incluida la interacción humana. El Marco de los Cuatro Motivadores de Brennan es un mapa de ruta inteligente y factible hacia cambios prácticos que cada negocio puede aprovechar para tener éxito en uno de los mercados de mayor crecimiento en el mundo».

—Tom Bartley, director de minoreo, Google

«En una época en la que una experiencia del cliente estupenda es la expectativa, el libro de Bridget Brennan da en el blanco. Su investigación y perspectiva ofrecen un manual práctico para proporcionar una experiencia del cliente hecha a medida para el mercado de mayor crecimiento: ¡las mujeres! Su enfoque lógico es intuitivo y factible para hombres y mujeres por igual. Este libro debería ser lectura obligada para todos los líderes, a fin de que su negocio tenga éxito en una economía moderna».

—Peggy Turner, vicepresidenta, Retención y satisfacción del cliente, Lexus

«Bridget Brennan nos abre los ojos a una realidad imperiosa y a una oportunidad de negocio importante. El nuevo libro de Brennan es visionario y al mismo tiempo pragmático y práctico. Es de lectura obligada para cualquiera que esté interesado en mejorar la experiencia del cliente y buscar nuevas oportunidades de negocio».

—Laurent Freixe, vicepresidente ejecutivo y director general, Zone Americas, Nestlé S.A.

«*Gánese a la clientela femenina* es un potente recurso para cualquier líder de negocio que aspire a crear experiencias del cliente inclusivas, mantenerse relevante, y forjar vínculos auténticos con el nuevo consumidos americano. El libro está repleto de perspectivas muy prácticas, y el Marco de los Cuatro Motivadores de Brennan debería ser aplicable para cualquier negocio, independientemente del campo de la industria, en todas las dimensiones de diferencia, incluida la de género y otras».

—Sandy Cross, directora principal de Diversity and Inclusion, PGA of America

«Pocas personas conocen más sobre los clientes femeninos que Bridget Brennan. En *Gánese a la clientela femenina* nos muestra cómo transformar para las mujeres la experiencia del cliente involucrando todo su ser. Si quiere acceder a una base de clientes cada vez más poderosa, este es el libro indicado para usted».

—Florian Zettelmeyer, Profesor de mercadotecnia Nancy L. Ertle, facultad de mercadotecnia Kellogg, Universidad Northwestern

«Una perspectiva esclarecedora sobre cómo las mujeres impulsan el consumo y cómo consideran las compras. El libro es un manual práctico de fácil lectura para los actuales líderes de ventas y de servicio al cliente, y es relevante para muchas categorías y contextos. Considerar la perspectiva de las mujeres es un asunto de negocios global, acelerado en la era digital y relevante en todo el mundo».

—Fabio Vacirca, gerente principal, Accenture

«Si su negocio apunta a ganarse el mercado femenino, entonces este es el libro para usted. Bridget Brennan no solo nos proporciona ideas poderosas sobre cómo conectar con las mujeres, sino también la directiva para poner en acción esas perspectivas para causar un impacto significativo en su negocio».

—Inga Stenta, directora de crecimiento global, Reebok

«Las mujeres han sido fundamentales para el crecimiento del negocio y el estilo de vida del snowboard. Brennan nos muestra que ganar se trata de inclusión. Pase una hora con este libro, y observe crecer sus habilidades de comunicación con su clientela femenina».

—Elysa Walk, vicepresidenta y directora general, Americas, Burton Snowboards

«Brennan conecta con el lector precisamente del modo que ella recomienda que nos acerquemos a los clientes femeninos: con inspiración, confianza y apreciación de su tiempo».

—Christine Weil Schirmer, directora de comunicaciones, Pinterest

«El punto que establece Bridget Brennan está claro: enfocarse en la clientela femenina tendrá un beneficio profundo y económico. Sus tácticas y mejores prácticas para conocer y entender al cliente son cruciales para cualquiera que esté buscando hacer crecer su negocio».

—Calvin Fields, director, Thrifty Brand,
The Hertz Corporation

**BRIDGET BRENNAN**

CEO DE THE FEMALE FACTOR Y
AUTORA DE *WHY SHE BUYS*

# GÁNESE A LA CLIENTELA FEMENINA

CÓMO LOS GRANDES PROFESIONALES DE
VENTAS DOMINAN LA EXPERIENCIA DEL
CLIENTE PARA EL MAYOR MERCADO
DE CRECIMIENTO GLOBAL

GRUPO NELSON
*Desde 1798*

NASHVILLE   MÉXICO DF.   RÍO DE JANEIRO

© 2019 por Grupo Nelson
Publicado en Nashville, Tennessee, Estados Unidos de América.
Grupo Nelson es una marca registrada de Thomas Nelson.
www.gruponelson.com
Título en inglés: *Winning her Business*
© 2019 por Bridget Brennan

Publicado por HarperCollins Leadership, un sello de HarperCollins Focus LLC.

Publicado por Nelson Books, un sello de Thomas Nelson.
Thomas Nelson es una marca registrada de HarperCollins Christian Publishing, Inc.

Los sitios web, números telefónicos y datos de compañías y productos mencionados en este libro se ofrecen solo como un recurso para el lector. De ninguna manera representan ni implican aprobación ni apoyo de parte de Grupo Nelson, ni responde la editorial por la existencia, el contenido o los servicios de estos sitios, números, compañías o productos más allá de la vida de este libro.

A menos que se indique lo contrario, las citas en este libro se tomaron de entrevistas personales con empresarios, ejecutivos, clientes y profesionales de ventas.

Editora en Jefe: *Graciela Lelli*
Traducción: Belmonte Traductores
Adaptación del diseño en español: *Grupo Nivel Uno, Inc.*

ISBN: 978-1-41859-949-2

Impreso en Estados Unidos de América

19 20 21 22 23 LSC 9 8 7 6 5 4 3 2 1

*A Erik, por todo*

# ÍNDICE

# ÍNDICE

# INTRODUCCIÓN

Era un día frío y lluvioso mientras caminaba por un paseo marítimo en Atlantic City, Nueva Jersey, en un receso de una conferencia a la que estaba asistiendo. Miré la línea de tiendas vacías y sentí lástima por los dueños de los negocios, preguntándome cómo se ganaban la vida en ese distrito decadente de tiendas minoristas.

Imagine mi sorpresa cuando entré en una de las tiendas buscando un recuerdo para llevar a casa, y fui ignorada por el único empleado que había y que estaba a poca distancia de mí apoyado sobre el mostrador y mirando fijamente su teléfono. Ya que yo era la única persona que había en la tienda, pensé que se emocionaría por tener un cliente. Me equivoqué. Ni siquiera quitó la vista del teléfono.

Pasaban los minutos y comencé a preguntarme: ¿Cuánto tiempo será necesario para que este tipo se dé cuenta de que estoy aquí? La tienda era tan pequeña que nuestro impasse silencioso se sentía extraño. Tras varios minutos, me cansé y salí de la tienda con las manos vacías e irritada. En mi interior, gritaba: ¡Oiga, *le estaba haciendo un favor solamente con entrar!* Así que regresé caminando a la conferencia y salí al escenario a hacer la presentación, para eso me habían contratado. ¿El tema? Cómo crear grandes experiencias de compra para el cliente.

El momento era irónico, pero mi experiencia en la tienda no fue asombrosa. El mal servicio está en todas partes, en cada punto de venta al público, en cada industria. Y sin embargo, muchos negocios parece que aún no reconocen el vínculo existente entre la calidad del servicio que dan y las decisiones de compra de sus clientes. No dejan de buscar la idea más novedosa para ganar negocio y terminan pasando por alto la estrategia más obvia de todas: crear una experiencia tan satisfactoria para las personas que quieran emplear su tiempo y su dinero en esa empresa y hablar bien de ella a todos sus conocidos.

¿Sentido común? Sí. ¿Práctica común? No. Pregúntele a cualquier mujer.

Las mujeres están en el extremo receptor de la mayoría de las experiencias del cliente, buenas y malas, porque controlan la mayoría del gasto mundial de consumo. Se calcula que se sitúan en más del setenta al ochenta por ciento del gasto en consumo solamente en Estados Unidos y mediante una combinación de poder e influencia en las compras.[1] Ganarse a la clientela femenina es la clave para triunfar en la economía moderna; sin embargo, la mayoría de los programas de formación en ventas pasan por alto la sencilla cuestión de si el comprador es un hombre o una mujer. Es a la vez un punto ciego y una oportunidad: un punto ciego porque los estereotipos desfasados sobre las mujeres son generalizados y pueden detener en seco una venta, y una oportunidad porque entender las perspectivas de las mujeres es una seria ventaja competitiva para cualquiera que esté en el campo de las ventas.

Los hombres y las mujeres pueden ver las interacciones en las ventas con lentes distintos. Como investigadora de las decisiones de compra de las mujeres, por rutina oigo historias sobre malas experiencias de venta que impiden que las mujeres compren productos y servicios. Muchas mujeres dicen ser

- tratadas con menos respeto simplemente debido a su género,
- juzgadas por su aspecto de maneras que los hombres no lo son, y
- pasadas por alto o subestimadas cuando están comprando con un acompañante o compañero varón.

El último punto es un problema frecuente. Incontables mujeres me han hablado de no recibir contacto visual o atención cuando van de compras junto con un varón, incluso cuando le dicen a un vendedor que el producto es para ella. El sexismo casual es muy común ("Dígale a su esposo que le compre este collar"), y también lo son el prejuicio inconsciente y el estereotipo («Me sorprende que una mujer quiera un auto de transmisión manual. ¿Está segura?»). En las interacciones de compra les suceden todo tipo de cosas a las mujeres que serían inconcebibles si se tratara de un hombre. Consideremos la experiencia de una clienta a la que llamaremos Rachel, una mujer de treinta y tantos años cuya fidelidad a una importante cadena hotelera fue probada por una experiencia desafortunada durante un viaje de negocios.

«Mi jefe (más mayor y varón) y yo estábamos en filas separadas para registrarnos en un hotel en Miami», comienza Rachel. «Era un hotel grande, parte de una cadena muy conocida. Mientras estábamos allí, un empleado del hotel me observó, después miró a mi jefe y dijo: "Aún no tengo disponibles sus habitaciones, pero sí tengo una lista en una hora", e hizo un guiño. Yo era nueva en mi trabajo y me avergonzaba que alguien hubiera supuesto que era la acompañante de mi jefe».

La historia de Rachel no es muy antigua: ocurrió hace poco, a una ejecutiva con muy buena educación y bien remunerada, con una presencia activa en redes sociales (en otras palabras, un megáfono), que puede permitirse trasladar a cualquier otro lugar su negocio, y su fidelidad.

El mundo empresarial no es distinto. He oído muchas historias de ejecutivas a las que vendedores varones han confundido con ayudantes a quienes les han pedido que les lleven café y aperitivos en vez de hacerles una venta. Con frecuencia, esas mujeres se encogen de hombros ante los errores de los comerciantes. Lo han visto todo. Pero no olvidan. ¿Sorprende entonces que haya tantas mujeres que enfocan las interacciones de ventas manteniéndose en guardia?

Igual que actualizamos continuamente nuestro software para mantenernos al día, debemos actualizar nuestras experiencias con el cliente para seguir siendo relevantes. En una economía de consumo dominada por mujeres, son necesarias nuevas habilidades. Vender ya no se trata de conquistar y combatir, como lo era cuando las estrategias de venta estaban basadas en gran parte en que los hombres les vendían a otros hombres. Tampoco se trata de ignorar a las personas, como el vendedor que casi conocí en Atlantic City. En la actualidad se trata de inspirar a las personas para que le compren a usted, no a otro; y saber cómo es eso con la clientela femenina es la oportunidad número uno. Está usted a punto de obtener una comprensión más profunda de las perspectivas, experiencias de vida y estilos de comunicación del mayor mercado de consumo del mundo. Muchas de las estrategias de las que hablaremos en este libro mejorarán también su experiencia con clientes varones. Ganarse el negocio de la clientela femenina no significa excluir a los hombres; se trata de excluir estereotipos y elevar la experiencia del cliente.

Estas perspectivas le ayudarán a mantenerse un paso por delante frente a los clientes mileniales (los nacidos aproximadamente entre los años 1980 y 2000) y la Generación Z (nacidos después del año 2000) de ambos géneros, ya que muchos valores que históricamente se han relacionado con las mujeres, como querer comprar en empresas que hacen que de algún modo el mundo sea un lugar mejor, se aplican ahora a las generaciones más jóvenes.

Del mismo modo que las necesidades de las mujeres han impulsado cambios para los hombres en el lugar de trabajo (por ejemplo, la ausencia por maternidad se está convirtiendo rápidamente en una baja por paternidad para que los hombres también puedan aprovecharla), las mujeres están impulsando cambios en el mercado de consumo que generaciones más jóvenes de ambos géneros no solo aprecian, sino que también esperan. Una buena regla general es la siguiente: si quiere saber hacia dónde se dirige el mercado, siga a las mujeres. Las mujeres son los principales indicadores de lo que la gente quiere.

## LA PALABRA CON «G»

El género es un tema del que no hablamos con mucha frecuencia en el contexto de las ventas y las experiencias del cliente, de modo que voy a tomar un momento para esclarecer cómo hablaremos de ello. Todas las mujeres, y los hombres, son individuos y deberían ser tratados como tales. No todas las mujeres son iguales, tal como todos los hombres tampoco lo son; sin embargo, cada uno de nosotros nace en una sociedad que reconoce dos «culturas» de género principales: la cultura masculina y la cultura femenina. La cultura de género en la cual nos criamos influye en cómo socializamos y nos relacionamos con el mundo, incluidos los estilos de comunicación que utilizamos.[2] Las descripciones en este libro deberían considerarse como tendencias, no certezas absolutas, que están basadas en los aspectos de la cultura femenina que pueden afectar las percepciones que tienen las mujeres de las interacciones en las ventas.

Veamos otra analogía para la cultura de género: imagine que está planeando unas vacaciones en Italia y ha decidido aprender todo lo posible sobre la cultura italiana. Así que estudia historia italiana y su sociedad moderna; practica frases útiles para turistas en italiano; aprende cosas interesantes para los clientes, como dar propinas y cómo llamar un taxi. Se alegra al hacer ese trabajo porque sabe que el conocimiento enriquecerá su experiencia. Y aun así, cuando su avión toca tierra en Roma, usted nunca esperaría que todos los italianos se comporten del mismo modo; después de todo, es un país de sesenta millones de personalidades. Sin embargo, su preparación le ha proporcionado un fundamento valioso que le permite comunicarse con más facilidad, confianza y, en última instancia, exitosamente. Ese es el espíritu con el que está escrito este libro. Es un manual de las condiciones culturales de las mujeres actuales que le ayudará a sobrepasar sus expectativas como clientas. Pero vale la pena repetirlo: cada cliente es un individuo, antes y sobre todo, y debería ser tratado como tal.

Permítame también aclarar el lenguaje que usaré, para que estemos en sintonía. Utilizo el término *profesional de ventas* para describirnos a todos nosotros que trabajamos con clientes para ganarnos la vida. Reconozco que pocas personas utilizan ese título en la vida real; sin embargo, ya sea que usted gestione un equipo de ventas, dirija un rancho para turistas, trabaje en el comercio minorista, o sea un empresario independiente, su éxito depende de que los clientes estén de acuerdo en pagar por sus productos y servicios. De ahí, que todos somos profesionales de ventas.

Para mantener la simplicidad, utilizaré la palabra *cliente* para referirme a las mujeres consumidoras en general, aunque dependiendo de cuál sea su industria, podríamos llamarlas invitadas, pacientes, clientas, miembros comunitarios, seguidoras o cualquier otra cosa.

# ESTO NO ES CUESTIÓN DE MUJERES; ES CUESTIÓN DE ESTRATEGIA

Ahora que ya hemos aclarado cuál será nuestro lenguaje, preparemos el terreno para nuestra discusión. La oportunidad económica con las mujeres compradoras se considera con frecuencia una «cuestión de mujeres» y no una cuestión de negocios. Eso es un error. He visto muchas empresas, y profesionales de ventas, limitar su crecimiento potencial al pensar de este modo. Albergar un evento para el Día Internacional de la Mujer, por ejemplo, es loable e importante, pero no sustituye una estrategia de crecimiento a largo plazo. Eso requiere una visión más amplia, por lo que las herramientas y técnicas incluidas en este libro están pensadas para ayudarle a llegar hasta ahí. Encontrará:

- Estrategias prácticas para aumentar la participación emocional de sus clientes
- El marco de los cuatro motivadores para crear experiencias atractivas para los clientes
- «Alertas» de comunicación a evitar
- Mejores prácticas de marcas líderes, negocios y profesionales de ventas
- Un mapa de ruta de las mayores tendencias que impulsan los patrones de compra de las mujeres
- Actividades al final de cada capítulo para darle un empujón a su crecimiento
- Un plan de acción de lunes en la mañana para crear una estrategia a largo plazo para su negocio

---

Ganarse a la clientela femenina tiene que ver con crear experiencias *inclusivas* para el cliente que incorporen la perspectiva de más de la mitad de la población que realiza la mayoría de las compras. Nuestro mundo cambia rápidamente, pero hay una cosa que se mantiene constante: el dominio de las mujeres en cuanto al gasto de consumo. Solamente ese hecho proporciona una brújula valiosa para hacerse camino, y ganarse, el futuro. Por lo tanto, a medida que avanzamos, tenga presente que esto no es simplemente cuestión de mujeres; es cuestión de estrategia, y es inmensa. Comencemos.

# CAPÍTULO 1

# SU MERCADO DE MAYOR CRECIMIENTO YA ESTÁ AQUÍ

Si le pidiera que nombrara los mercados mundiales de mayor crecimiento, ¿qué diría?

¿China?

¿India?

Estaría en lo correcto con cualquiera de esas respuestas, porque ambos son mercados de crecimiento gigantesco. Pero hay otro mercado inmenso que está aquí en casa, sin importar a qué lugar llame usted casa, y es la clientela femenina. Gracias al mayor logro educativo de las mujeres, su participación en el mercado laboral y un mayor poder adquisitivo, son consideradas en la actualidad uno de los mercados mundiales de mayor crecimiento. Un artículo de la revista *Harvard Business Review* lo expresa de este modo: «En total, las mujeres representan un crecimiento de mercado mayor que China e India combinados; más del doble de grande».[1]

He dedicado la mayor parte de mi carrera a estudiar a las mujeres en la economía de consumo. No es un trabajo común, y podrá imaginar las bromas que oigo cuando le digo a la gente a qué me dedico. Por lo general, giran en torno a la idea de que el gasto de las mujeres es trivial e incluso frívolo, como si las mujeres estuvieran interesadas solamente en zapatos, bolsos y cosas que brillan. Aunque no hay nada de malo en ninguno de esos productos, este estereotipo sí que perjudica a las mujeres y es una oportunidad perdida en potencia para los profesionales de ventas.

«¡Debería ver lo que mi esposa hace con mi tarjeta de crédito!» es un comentario que escucho con frecuencia. Cuando alguien me dice eso, simplemente sonrío y después le digo cuáles son las verdaderas razones por las que las mujeres impulsan tanto gasto de consumo. Es entonces cuando se detiene la broma, y las conversaciones se ponen mucho más interesantes.[2]

Prácticamente en todas las sociedades del mundo, las mujeres son las principales cuidadoras tanto de niños como de ancianos. ¿Hay excepciones? Por supuesto que sí, pero es un papel que sigue siendo abrumadoramente femenino. Como cuidadoras principales, las mujeres normalmente asumen la responsabilidad de comprar para todos en sus hogares. Son las principales agentes de compra de sus familias. Usted ya sabe que las mamás compran para sus hijos y que las mujeres compran para sus cónyuges y sus compañeros. Eso es solamente el principio. Las mujeres compran para sus padres ancianos, para su familia política, para sus negocios y con frecuencia para amigas, vecinas y organizaciones comunitarias, ya que ellas se ofrecen como voluntarias en mayor medida que los hombres en todos los grupos de edades y niveles educativos.[3]

A todo ese gasto y toma de decisiones para otras personas se suma cómo llegamos a la realidad de la capacidad de compra y la influencia de las mujeres, que se siente en todas las industrias. Por ejemplo, las mujeres constituyen el ochenta por ciento de las decisiones del cuidado de la salud para sus familias.[4] Cuando usted se gana la compra y la fidelidad de una mujer, tiene una oportunidad de llegar a otras personas en su hogar, al igual que en sus redes sociales y de negocio, porque ella compra en nombre de muchos otros. Las mujeres son la puerta de entrada para todos los demás.

## BIENVENIDO AL EFECTO MULTIPLICADOR DE LAS MUJERES

Como puertas de entrada hacia otras personas, las mujeres tienen lo que denomino un *efecto multiplicador* en las ventas.[5] Incluso cuando una mujer no paga algo con su propio dinero, por lo general es una fuerte influencia, o un voto de veto, tras las compras de otra persona. A nuestro alrededor vemos ejemplos de cómo se lleva a cabo todo esto. Por ejemplo, si un esposo y su esposa miran una maqueta de una casa y a la mujer no le gusta, no es probable que la pareja la compre.

Este efecto multiplicador tiene varias dimensiones que pueden influir en el éxito de sus ventas. Uno de sus aspectos, por ejemplo, es el modo en que las mujeres son conductoras excelentes de la publicidad de boca en boca (que ahora incluye compartir en redes sociales) para las personas y empresas con las que hacen negocios. Esto se debe a que, en la cultura femenina, las mujeres tienden a hablar unas con otras de sus experiencias de compra, dialogando por rutina de temas como lo que compraron, dónde lo compraron, qué tipo de oferta consiguieron (si es que la consiguieron), o qué tipo de servicio recibieron si es que fue memorable. Normalmente, los hombres no hablan con otros varones sobre estos temas con la misma frecuencia y profundidad que las mujeres.

Las mujeres hablan sobre estos temas porque saben que sus amigas por lo general tienen las mismas responsabilidades que ellas en términos de abastecer al hogar. Las mujeres también comparten las mismas presiones para cumplir estándares culturales para el cuidado personal, el aspecto externo, preparación de comidas, limpieza de la casa y educación de los hijos, por mencionar solo algunas de las expectativas «de género» de la sociedad. Por lo tanto, con frecuencia sienten que no es nada menos que su obligación informar a sus amigas sobre recursos estupendos y advertirles para que se alejen de malas experiencias, con el espíritu de ser útiles. Esta es una de las razones por las que un cliente puede generar un inmenso índice de respuesta en la publicidad de boca en boca. Ella representa un amplio rango de otras clientas en potencia.

Otro aspecto del efecto multiplicador es que las mujeres asumen con frecuencia la responsabilidad de marcar hitos en el hogar o la familia, o incluso en la oficina, y de todas las celebraciones, eventos y entrega de regalos que eso conlleva, desde fiestas para bebés que van a nacer, cumpleaños y funerales. Estos hitos son catalizadores del gasto y de la participación en el mercado.

Las mujeres también realizan enormes cantidades de trabajo emocional. Esta frase tiene más de una definición, pero para nuestros propósitos usaré la expresión *trabajo emocional* para referirme a las actividades invisibles implicadas en el cuidado y mantenimiento de relaciones sociales. Entre ellas se incluyen acciones como anticipar y acomodar las necesidades emocionales de otras personas; organizar actividades sociales que unen a las personas; recordar las citas y paraderos de otras personas; estar al tanto de las tallas, comidas favoritas y gustos generales de otros; y demostrar un interés sostenido en el bienestar de los demás.

Trabajo emocional es una mujer diciéndole a su pareja: «El próximo jueves es el primer aniversario de la muerte de la esposa de Tom. Deberíamos invitarlo a cenar para que no esté solo esa noche». Este sentimiento parece simple, pero cuando lo analizamos es como una obra en cinco actos en la que una mujer dirige, produce, y es la protagonista. El primer acto es recordar el aniversario de la muerte. El segundo acto es hacer un plan para invitar a cenar a Tom. El tercer acto es acercarse a Tom e invitarlo. El cuarto acto es decidir lo que va a suceder esa noche (cena en casa o en un restaurante). Y el quinto acto es ejecutar las actividades de la noche. Muchas mujeres nos dirán que tienen varias listas en su cabeza en todo momento, y aunque no llamarán a esas listas trabajo emocional, con frecuencia eso es precisamente lo que son.

Todo esto significa que incluso si su cliente no le dice cuán ocupada está, usted puede suponer que tiene muchas cosas entre manos y que estará agradecida si hace que sea fácil y práctico hacer negocios con usted. ¿Participan los hombres también en el trabajo emocional? Sí, por supuesto. Sin embargo, hay estudios que muestran que las mujeres participan sustancialmente en más de estas actividades a lo largo de sus vidas, y además, es una expectativa cultural que lo hagan.[6] Desde la perspectiva de las compras, la conclusión es que los «radares» de las mujeres están permanentemente en busca de productos y servicios que pudieran necesitar o querer las personas que están más cerca de ellas, y esto influye en su modo de enfocar el mercado. A veces creo que industrias enteras se vendrían abajo de la noche a la mañana si las mujeres dejaran de ser tan consideradas. ¡Pensemos en el impacto solamente para la industria de las tarjetas de felicitaciones!

## UNA INSTANTÁNEA ECONÓMICA

Aunque las mujeres han ocupado por mucho tiempo el papel de porteras en sus hogares, han desencadenado una oleada de cambio en nuestra economía en muy poco tiempo. Cuando consideramos que tan recientemente como en 1974 era difícil para una mujer no casada en Estados Unidos conseguir una tarjeta de crédito a su nombre (hasta que se aprobó la ley de Igualdad de Oportunidades de Crédito), el ritmo de cambio en dos generaciones no ha sido nada menos que asombroso. Veamos algunas estadísticas reveladoras que proporcionan contexto para el modo en que pueden adaptarse sus estrategias de negocio y de ventas.

*Las mujeres dominan la educación superior.* Las mujeres obtienen la mayoría de diplomaturas, licenciaturas, maestrías e incluso doctorados en Estados Unidos.[7] Esto es parte de un cambio global: las mujeres están superando la participación de los hombres en la educación superior en muchos mercados mundiales.[8] La educación ha catapultado a las mujeres a campos que tradicionalmente estaban dominados por hombres, como leyes, medicina y ciencia, por nombrar solamente algunos.[9] Si consideramos que el logro educativo de alguien es un buen indicador de su futuro poder adquisitivo, los datos sobre índices de graduación nos muestran que el estatus de las mujeres como «consumidoras alfa» probablemente continuará durante al menos las próximas dos o tres décadas. Esto significa que las mujeres no son solamente la clientela del presente; son la clientela del futuro. Así se dividen las cifras en Estados Unidos:

- licenciaturas: cincuenta y siete por ciento obtenidas por mujeres
- maestrías: cincuenta y nueve por ciento obtenidas por mujeres
- doctorados: cincuenta y tres por ciento obtenidos por mujeres

*Las mujeres en la población activa: la mayor revolución de nuestro tiempo.* La participación de las mujeres en la población activa ha sido una de las revoluciones más amplias y pacíficas en la historia moderna, influenciando cada faceta de la sociedad. Quitando estereotipos de lo contrario, la mayoría de mamás de niños pequeños trabajan ahora fuera de casa. De hecho, el setenta por ciento de las mujeres con hijos menores de dieciocho años participan en la población activa estadounidense, y la inmensa mayoría de estas mujeres (el setenta y cinco por ciento) trabajan a jornada completa.[10] Esto supone un cambio enorme desde 1975, cuando menos de la mitad de todas las madres con hijos menores de dieciocho años estaban en el mercado laboral. A pesar de las cifras, las mujeres contratadas siguen realizando más tareas no remuneradas en el hogar y responsabilidades de cuidados que los hombres contratados,[11] lo cual significa que proporcionarles maneras prácticas de hacer negocios con usted es crucial para seguir siendo relevante en este mercado.

Al otro lado del espectro etario, más personas que nunca están trabajando hasta más tarde. Debido a que las mujeres tienen una expectativa de vida más larga que los hombres y normalmente se ocupan de más responsabilidades cuidando de los ancianos, podemos esperar que serán una parte importante de esta población creciente de trabajadores de la tercera edad, que tendrán un impacto en sus necesidades de consumo y en sus límites de tiempo.

*Hay más mujeres que son el sostén de la familia.* ¿Cómo es alguien que es sostén de la familia? Si pensamos en un hombre vestido con traje, es momento de actualizar esa imagen y hacer que incluya más a las mujeres. Las madres son las proveedoras principales o únicas para el cuarenta por ciento de los hogares con hijos menores de dieciocho años.[12] Esto representa un cambio radical en nuestra sociedad, y tras ello hay varios factores. Las mujeres no solo están obteniendo más títulos y participando en la población activa en mayores cifras, sino que también hay más hogares monoparentales en nuestra sociedad y las mujeres dominan abrumadoramente esos hogares.[13]

*Las mujeres controlan la riqueza.* Las mujeres controlan el cincuenta y un por ciento de la riqueza personal.[14] Son creadoras de riqueza debido a su participación en el mercado laboral y la actividad emprendedora, y herederas de riqueza debido a su expectativa de vida más larga. Estos dos factores influyen en la toma de decisiones de las mujeres y en sus necesidades financieras. El cuarenta por ciento de los nuevos emprendedores son mujeres,[15] y los negocios cuyos dueños son mujeres constituyen el treinta y nueve por ciento de todas las firmas estadounidenses.[16] A lo largo de estas páginas conoceremos de estas dueñas de negocios, y aprenderemos las maneras innovadoras en que sirven a sus propios clientes.

*Las mujeres ocupan la mayoría de puestos de gerencia y profesionales.* Las mujeres constituyen el cincuenta y dos por ciento de todos los trabajadores contratados en ocupaciones de gerencia, profesionales y relacionadas.[17] Una implicación de esta cifra es que las ventas entre negocios incluyen cada vez más a mujeres. Muchos negocios que miran al futuro están alineando equipos más diversos para reflejar las bases de clientes a las que sirven.

*Las mujeres dominan las grandes redes sociales.* Las mujeres son las usuarias dominantes de Facebook, Instagram, Twitter, Pinterest,[18] y Snapchat.[19] Todos sabemos que compartir en redes sociales nunca ha sido más importante para los negocios en términos de publicidad, reputación y ventas. Lo que escuchamos con frecuencia es que las mujeres son las usuarias principales de la mayoría de las redes sociales más grandes. Este es otro aspecto clave de su «efecto multiplicador» en los negocios.

*Proveedoras de servicios de cuidado.* Globalmente, las mujeres llevan a cabo la mayor parte del cuidado no remunerado, incluyendo las tareas del hogar, cuidado de los niños y cuidado de ancianos.[20] Las cifras varían según los países, pero en su gran mayoría, el trabajo no remunerado de las mujeres funciona como segundo o tercer empleo que debe mantenerse junto con cualquier empleo remunerado fuera del hogar. Esta es una de las mayores diferencias en la experiencia que las mujeres aportan como clientes: con frecuencia ellas evalúan los deseos y necesidades de otras personas cuando toman decisiones de compra, y combinan múltiples responsabilidades de cuidados.[21]

Estas estadísticas dibujan una imagen extraordinaria del impacto económico de las mujeres. Sin embargo, siguen estando ausentes en los puestos de liderazgo en el mundo empresarial. Aunque las mujeres constituyen la mayoría de los consumidores, los hombres forman el noventa y cinco por ciento de los directores generales de empresas de S&P 500, y casi siempre lideran equipos de gerencia dominados por varones.[22] Las empresas fundadas por mujeres (en las que todas las fundadoras son damas) reciben solamente el dos por ciento de los fondos de capital riesgo.[23] Como muestran estas cifras, sigue habiendo una enorme brecha de género entre las mujeres compradoras y el liderazgo de las empresas que se anuncian y les venden a ellas. Mi filosofía es que siempre que existe una brecha, existe una oportunidad para llenarla. Por eso estamos aquí. Cerrar esta brecha con percepciones e información ayudará a que usted se sitúe un paso por delante de los competidores y consiga más clientes satisfechos. Es una proposición en la que todos ganan.

## PUNTOS CLAVE

- Las mujeres son uno de los mercados de mayor crecimiento en todo el mundo, por lo que satisfacer sus necesidades como clientes es clave para el éxito en la economía moderna.
- Las mujeres tienen un efecto multiplicador en los negocios y en los profesionales de ventas que les sirven bien.
- Entender el ritmo del progreso educativo y económico de las mujeres es fundamental para seguir siendo relevante en este mercado.

## ACTIVE SUS IDEAS

- Si tuviera que evaluar su negocio en una escala de 1 a 10 según su eficacia en conectarse con consumidoras modernas, siendo el 10 la puntuación más alta, ¿qué número pondría? Use este número como punto de referencia para el progreso futuro.
- ¿Cómo ha visto que se desarrollan las diferencias en cultura de género en sus propias relaciones con la clientela? ¿Qué aprendió de esas experiencias?
- Categorice sus datos de clientes por género. ¿Puede identificar patrones de compra y preferencias concretas examinando la información de este modo?

# CAPÍTULO 2

# CÓMO ES LA IMAGEN DE LAS VENTAS EN EL PRESENTE

Rápido, piense en una experiencia de compra que haya tenido con un vendedor que haya sido tan estupenda que habló a otros de ello.

¿Sigue pensando?

Es probable que se haya quedado en blanco porque, desde la perspectiva del cliente, las experiencias de venta son malas por lo general. Quizá no sean atrozmente malas, pero son deslucidas. Ineficaces. Fáciles de olvidar. Y esto ha creado una oportunidad enorme para cualquier interesado.

En mi trabajo, paso mis días preguntando a las mujeres (y también a muchos hombres) cómo compran, qué compran, dónde compran, y por qué compran a ciertas personas y en ciertos negocios pero no en otros. Cuando le pido a la gente que me cuente alguna historia sobre una experiencia de compra estupenda con un profesional de ventas, con frecuencia me encuentro con una mirada perdida. «Necesito más tiempo», me dicen. «Estoy segura de que se me ocurrirá algo».

Y casi nunca se les ocurre nada.

El comercio electrónico ha cambiado nuestra perspectiva de comprar en la vida real (EVR, de aquí en adelante). Se ha convertido en la improbable nueva marca para el servicio personal intachable, hasta el grado de que algunas mujeres sienten que sus experiencias de compra en línea son de mucha mayor calidad que sus compras cara a cara. En parte, esto se debe a que las transacciones en el comercio electrónico eliminan muchas de las variables que encontramos en las situaciones tradicionales de ventas. Pensemos en una transacción minorista rutinaria: una mujer entra en el mercado en línea para comprar una nueva chaqueta impermeable. Busca en Amazon.com y encuentra el tamaño y el color exactos que necesita. Lee los comentarios de los clientes sobre el producto y siente la confianza suficiente para hacer un pedido. Cuando lo hace, recibe inmediatamente un correo electrónico de confirmación, seguido por una notificación cuando el producto sale del almacén. Recibe la chaqueta cómodamente en su casa, con un mensaje de agradecimiento pidiéndole sus comentarios tras la compra. Más adelante recibe mensajes personalizados de correo electrónico con sugerencias de otros productos que podrían gustarle basándose en la selección de esa chaqueta.

Ahora, imaginemos que esta mujer entra en una tienda buscando la misma chaqueta. Las variables que encuentra son interminables. Puede que la saluden al entrar o no; puede que establezca contacto visual o no; puede que la ayuden activamente o no; puede que trabaje o no con un dependiente que tenga algún conocimiento del producto que a ella le interesa; la chaqueta que quiere tal vez esté disponible o no; y quizá le hagan un seguimiento o no, incluso cuando ella le pida a un dependiente que se ponga en contacto con ella cuando la chaqueta de su talla se encuentre en otra ubicación. Ella no vuelve a recibir noticias de la tienda y, por eso, compra la chaqueta en otro lugar.

No tiene por qué ser de ese modo. Lo que debería haber sucedido, si la tienda tradicional hubiera sido más competitiva con la experiencia en línea de ese cliente, es lo siguiente: el cliente entra en una tienda buscando una chaqueta impermeable. Un dependiente le da una amigable bienvenida y entabla una conversación preguntándole qué necesita. Ella le dice que va a realizar su primer viaje de senderismo y que quiere el equipamiento adecuado. El dependiente descubre más sobre sus planes y se entera de que también se irá de acampada. Antes de que ella se dé cuenta, el dependiente le está recomendando una chaqueta con un aislamiento más grueso, y también calcetines de lana y una mochila lo bastante grande para acomodar sus provisiones. La chaqueta impermeable no está disponible en el color que ella quiere, pero el dependiente hace el pedido y lo organiza para que se la envíen directamente a su domicilio. La clienta aprende sobre productos que ni siquiera sabía que necesitaba, y sale de la tienda con más cosas de las que tenía intención de comprar. La chaqueta llega a su casa unos días después, y ella se siente no solo satisfecha con su compra sino también emocionada con el minorista que le brindó más ayuda de la que ella había pedido.

En este escenario, el minorista tradicional pudo vender más productos que el de la Internet porque fue más proactivo con preguntas y sugerencias, y brindó la ayuda y la atención que el cliente necesitaba. El poder de preguntar «por qué» y «qué» es una ventaja clave para cualquiera que venda EVR.

Desgraciadamente, esto es la excepción con demasiada frecuencia. Algunas mujeres evitan por completo la experiencia de comprar en persona debido solo a pensar que la experiencia de venta

EVR podría ir mal, podría no ser eficaz, podría no ser productiva, o incluso podría ser ofensiva de algún modo. Como me dijo una mujer: «En algunos lugares, uno no sabe quién trabaja ahí, ni si alguien se acerca y te muerde; sientes que estás sola». Esto explica la creciente confianza en las páginas de opiniones y comentarios de distintas personas, y ha subido la apuesta para cada ser humano que se gana la vida relacionándose con la clientela femenina. Para los profesionales de ventas es crítico mantener una fuerte reputación de realizar regularmente un servicio tan estupendo que la gente le busque porque ha eliminado para ellos una variable: saben que con usted tendrán una experiencia muy buena.

Es probable que exista una opción más barata o más conveniente de cualquier cosa que usted venda, y que esté disponible en algún otro lugar. Por eso es más importante que nunca proporcionar una participación memorable de persona a persona. La investigación muestra que el setenta y siete por ciento de los consumidores escogerá a un ser humano por encima de un ente digital cuando busca consejo.[1] Y sin embargo, parece que muchas empresas han invertido en tecnología a la vez que han dejado que se marchite el «lado humano» de las ventas. Esta es una de las razones por la que las buenas experiencias del cliente en compras EVR siguen siendo la excepción y no la regla, a pesar de nuestras herramientas comunicacionales de última generación.

Desde el punto de vista de la mujer, muchas experiencias de venta siguen encajando en uno de dos extremos:

«¿De verdad quieres mi dinero?».          «Deja de molestarme».

El punto óptimo está en algún lugar en el medio. A riesgo de afirmar lo que es obvio, la gente se dirige a los negocios que están en el punto óptimo con buenas experiencias con la clientela. Pensemos en todas esas personas amigables y vestidas con coloridas camisetas en las tiendas Apple. ¿Están vendiendo? Sin ninguna duda. ¿Se tiene la sensación de que están vendiendo? No. Se siente que están ayudando; están educando; están ofreciendo sugerencias, solucionando problemas, respondiendo preguntas y generalmente haciéndonos sentir muy bien en cuanto a mejorar nuestra vida con sus productos. Visitar sus tiendas es tan agradable que la que tienen en la Quinta Avenida, en la ciudad de Nueva York, está abierta las veinticuatro horas del día, ya que ¿para qué tendría alguien que esperar para recibir una ráfaga de inspiración Apple?

Una joven me dijo que le encantaba visitar tiendas Apple porque: «Estoy rodeada de personas que tienen tanto conocimiento, que me siento empoderada». Es una afirmación bastante importante cuando pensamos en cuán fácil sería para Apple hacer que sus clientes se sientan estúpidos, ya que pocas personas saben cómo funcionan los productos, y su personal de atención al cliente tiene el título de genios.

No importa. Las personas salen de una tienda Apple sintiéndose más inteligentes que cuando entraron, y eso es una hazaña emocional. La empresa más tecnológicamente avanzada del mundo ha aceptado y llevado el lado humano de la venta hasta un efecto fenomenal. Apple genera más ventas por metro cuadrado en sus tiendas que cualquier otro minorista. Sí, eso se debe en parte a que sus productos son caros; pero nadie puede negar que los clientes acuden en masa a experimentar en sus tiendas como no lo hacen en muchas otras instalaciones de la competencia.

## VENTAS: LO QUE HA CAMBIADO Y LO QUE NO

Involucrar a la clientela femenina de manera tan potente como se conecta Apple con sus clientes comienza con entender algunos de los aspectos importantes en que ha cambiado el paisaje de las ventas:

1. El equilibrio del poder ha cambiado. La Internet fundamentalmente ha alterado el equilibrio del poder entre compradores y vendedores. La empresa o el profesional de ventas ya no «posee» toda la información sobre un producto o servicio. Algunos clientes tienen la sensación de que saben más sobre los productos que les interesan que las personas que los venden.

2. Lo rápido y fácil ha sido redefinido. Comercio electrónico, Amazon Prime, asistentes digitales en el hogar, tecnología de voz, realidad aumentada, aplicaciones y negocios según demanda son solamente algunas de las innovaciones que han cambiado las percepciones de las personas sobre comodidad y velocidad, forzando a los profesionales de ventas a competir con una oferta diferenciada.

3. Las personas necesitan una razón para levantarse del sofá. En entornos con paredes y techos, como tiendas y oficinas de ventas, el nuevo imperativo es proporcionar un tipo de

experiencia personal, muy sensorial y orientada al servicio que inspire a las personas a salir de sus casas y buscarla.

La profesión médica ofrece una analogía interesante en cuanto a cómo han cambiado las cosas para los vendedores profesionales. Imaginemos a un médico cuyo paciente entra en la sala de exámenes con un montón de investigación sacada de la Internet sobre los síntomas que tiene. Antes de que el médico tenga oportunidad de realizar el examen, el paciente le dice que ya ha hecho su propio diagnóstico basándose en su investigación. El médico escucha al paciente antes de dar su punto de vista, que está basado en años de formación y práctica médica.

En este escenario, el paciente posee información mientras que el médico posee conocimiento, experiencia en el tema y la veteranía profesional de trabajar con miles de otros pacientes que han tenido síntomas parecidos. Sin embargo, como el paciente tiene acceso a tanta información, la conversación es diferente (y potencialmente más larga y más dinámica) de lo que habría sido antes de que existiera la Internet.

Los profesionales de ventas pueden identificarse con ese escenario. Con frecuencia, las mujeres ya han realizado alguna investigación antes de encontrarse con ese profesional. Quizá hayan hecho una extensa investigación si lo que usted vende tiene un precio más caro o, desde el punto de vista de ellas, es de «alto riesgo». Han leído las reseñas y los comentarios; han mirado las redes sociales; han visto videos hechos por otros clientes; han comparado opciones, mirado precios, y quizá incluso hayan leído todo sobre sus antecedentes profesionales en LinkedIn. En este nuevo entorno, el reto es añadir valor a un proceso que el cliente siente que ya ha completado parcial o totalmente. Este puede ser un ajuste difícil de hacer, sin duda alguna; y sin embargo, se siente bien saber que muchos puntos fundamentales no han cambiado:

1.  Las personas siempre querrán y necesitarán comprar cosas. La necesidad de vender no quedará eliminada en ningún momento cercano; éxito significa inspirar a la clientela a comprarle a usted en lugar de comprar en otro lugar.

2.  Es emocionante comprar a alguien que cree en lo que está vendiendo. Esto explica el feliz «ajetreo» en las tiendas Apple y la elevada frecuencia de interacciones empleado/ cliente que se produce en ellas. No hay nada más contagioso que comprarle a alguien que siente pasión por su trabajo y cree en sus productos.

3.  Las habilidades interpersonales fuertes llegan muy lejos. Como hemos visto, nuestra definición de buen servicio ha cambiado debido a los nuevos estándares establecidos por el comercio electrónico, las aplicaciones y los algoritmos. Esto significa que las habilidades de comunicación eficaces son más importantes que nunca.

## PUNTOS CLAVE

- La mayor educación académica y riqueza de las mujeres significa que no son solamente las principales consumidoras del presente, sino también las principales consumidoras del futuro.
- El comercio electrónico ha cambiado nuestras expectativas para comprar EVR y ha aumentado la importancia de habilidades interpersonales fuertes y el compromiso con el cliente.
- Las buenas experiencias de ventas siguen siendo la excepción y no la regla. Esto crea una oportunidad enorme para quienes pueden proporcionar experiencias valiosas para los clientes.

## ACTIVE SUS IDEAS

- Piense en la mejor experiencia de compra que haya tenido con un profesional de ventas. ¿Qué hizo bien ese profesional que hizo que la experiencia fuera tan memorable? ¿Qué lecciones puede aplicar a su propio negocio basado en esa experiencia?
- Anote sus lugares favoritos para comprar, vender o hacerse cliente, incluyendo empresas de comercio electrónico y negocios tradicionales. ¿Qué están haciendo bien esas empresas que usted podría adaptar a su propio negocio?

# CAPÍTULO 3

# EL MARCO DE LOS CUATRO MOTIVADORES

Usted querrá que su clientela femenina cuente una historia sobre su experiencia con usted. ¿Cuál es la mejor manera de asegurar que sea la historia que usted quiere que cuente? Revertir la experiencia del cliente para crear un resultado emocional positivo.

No tiene que mirar más allá del mercado de valores para ver cómo los resultados emocionales positivos pueden conducir a resultados económicos positivos. Hablando en general, cuando las personas se sienten positivas y optimistas en masa, el mercado de valores sube. Cuando se sienten ansiosas, negativas o amenazadas, entonces el mercado baja. A nivel individual, esto sucede durante nuestras interacciones con la clientela. El modo en que usted hace sentir a las personas es lo que causa que quieran trabajar con usted y comprarle productos.

Los resultados emocionales son tan esenciales, que el fabricante de autos de lujo Lexus los mide ahora mediante un instrumento de sondeo. «La emoción es una medida importante para la fidelidad», dice Peggy Turner, vicepresidenta de retención y satisfacción del cliente de Lexus. «La gente habla sobre la satisfacción del cliente, pero eso es un hecho dado. Queremos saber: ¿cómo hicimos sentir al cliente?».

Por lo tanto, ¿cómo revertimos una experiencia de venta para obtener un resultado positivo? Aunque cada comprador es diferente, un buen comienzo es reconocer que los clientes encajan con frecuencia en dos estilos de compra distintos: transaccional y holístico. La compra transaccional se conoce coloquialmente como el golpe quirúrgico. Es cuando tenemos a un cliente que piensa: Sé lo que quiero. Solamente quiero conseguirlo y seguir adelante con mi vida.

La compra holística se refiere a un estilo de compra «panorámico general» en el cual el cliente considera un «panorama general» y se involucra en múltiples aspectos de la experiencia más allá del producto y el precio.[1] Estos elementos incluyen cosas como el disfrute de trabajar con usted, el atractivo de su entorno de venta, y consideraciones a largo plazo como el servicio posventa. A continuación tenemos una instantánea de los estilos de compra transaccional y holístico:

### Compra transaccional vs Compra holística

| Compra transaccional | Compra holística |
| --- | --- |
| Compra un solo artículo | Compra de manera integral, ¿qué más puedo comprar con este artículo? |
| Solo evalúa el artículo | Evalúa el producto y la experiencia de ventas, incluida la interacción del vendedor |
| Piensa: ¿Me servirá este producto? | Piensa: «¿Funcionará esto para todos los demás también?» |
| Bajas expectativas de un servicio atento | Altas expectativas de un servicio atento |
| Buscadores de información | Buscadores de información e inspiración |

Cualquiera puede ser un comprador holístico una vez y luego ser uno transaccional. El «modo» en que esté esa compradora con usted puede depender de muchos factores, desde lo ocupada que esté ese día hasta cuán enfocada emocionalmente esté (o no esté) en su producto. Con frecuencia, las mujeres se encuentran en un modo de compra holístico por dos razones. En primer lugar, porque su papel como oficiales principales de compra para sus hogares añade capas de complejidad a su toma de decisiones.

Puede que las mujeres piensen en factores como límites de tiempo, debido al «segundo turno» de trabajo no remunerado que desempeñan en sus hogares y para su familia extensa. Con frecuencia consideran los deseos y necesidades de otras personas y miran las decisiones de compra con esos lentes. Quizá estén pensando en el potencial de que tendrán que devolver una compra si algo sale mal (incluso cuando el producto es para otra persona de su casa) y lo que eso significará en términos de más tiempo empleado y quizá una experiencia negativa después del hecho. Por lo tanto, cuando encaran la compra, las mujeres quieren que salgan bien la primera vez, por lo que buscarán maneras de hacer que esas responsabilidades sean todo lo agradables y productivas posible.

La segunda razón por la cual las mujeres son a menudo compradoras holísticas es que desde temprana edad, se les enseña a comprar con un «panorama general» en la mente. Por ejemplo, cuando una mujer va de compras es posible que piense, por ejemplo, no solo en una camisa sino también en un traje; no solo en un plato principal sino también en los platos de acompañamiento y los de postre; no solo en un cubrecama sino también en las sábanas y las almohadas que hagan juego. Por eso muchas mujeres se interesan en saber sobre otros productos y servicios que «van con» lo que usted está vendiendo. Este estilo de compra tiene un aspecto muy práctico: es más eficiente, y con frecuencia más satisfactorio, comprar productos complementarios en conjunto que hacer varios viajes o múltiples transacciones. Las mujeres también pueden percibir que el valor de tales compras es más elevado, porque el todo es mayor que la suma de sus partes.

Si usted domina la experiencia para las compradoras holísticas, también agradará de modo natural a sus compradoras transaccionales al proporcionarles una experiencia que puede que no busquen o esperen, pero que de todos modos se alegran de recibir. Atraer a las compradoras holísticas significa ajustar su estilo en consecuencia, con un enfoque que he desarrollado y que se llama Marco de los cuatro motivadores®.

## PRESENTACIÓN DEL MARCO DE LOS CUATRO MOTIVADORES

Hay muchas cosas sobre su trabajo que usted no puede controlar. Por mencionar solamente tres: la economía, el ritmo de la tecnología y la climatología. Probablemente se le ocurrirán otras cincuenta. Por fortuna, tiene el control de lo que puede decirse que es el factor más importante de todos: la experiencia de su clientela femenina.

Basándome en más de una decena de años de investigación de consumo, he identificado cuatro motivadores clave que influencian las decisiones de compra de las mujeres. Seguir el marco de estos cuatro motivadores le ayudará a desarrollar estrategias para atraer a las mujeres consumidoras de modo más eficaz. El modo en que usted haga sentir a la clientela femenina es lo que les motiva a querer trabajar con usted y comprar sus productos. Sus clientes quieren sentirse:

- *conectadas* con usted, con su marca y con su negocio,
- *inspiradas* a comprarle a usted,
- *confiadas* en su decisión de compra, y
- *apreciadas* por su negocio.

Estos motivadores pueden servir como su guía de buenas maneras para ganarse a la clientela femenina. Aunque quizá nunca haya oído a un cliente utilizar esas palabras concretas, son los resultados emocionales positivos que pueden ayudarle a conseguir más ventas y referencias cuando las logre. En el resto de este libro encontrará decenas de estrategias para activar los cuatro motivadores, que puede considerar su «caja de herramientas» para mezclar, emparejar y añadir cuando quiera.

Como profesional, usted ya sabe que nunca hay una sola manera para ganarse a una clientela. La venta es un trabajo diferente cada día, cada hora y con cada cliente. El éxito implica una combinación de conocimiento, decisión sabia, y su propia personalidad y estilo. Con eso en mente, he incluido consejos y mejores prácticas de grandes empresas, pequeñas empresas y vendedores profesionales individuales, todos ellos pensados para inspirar su creatividad. Para que sus ideas fluyan, comencemos con una mejor práctica obtenida de una fuente inesperada: un equipo profesional de fútbol americano.

## Minnesota Vikings:
*campeones de la participación emocional*

La mayoría de las personas quizá no piensen en un partido de fútbol profesional como una *experiencia del cliente*, pero no hay duda de que los Minnesota Vikings sí lo piensan. En el año 2016, este equipo de la Liga Nacional de Fútbol Americano terminó la construcción del U.S. Bank Stadium en Minneapolis, que fue el lugar donde se jugó el Súper Tazón 52 en 2018. Además de construir una maravilla arquitectónica, la organización hizo que fuera una prioridad crear una experiencia inclusiva para los seguidores en cada punto de contacto. Un vistazo al modo en que un equipo deportivo profesional entrega una experiencia que engloba los cuatro motivadores es un ejemplo persuasivo para cualquier negocio.

La mayoría de los seguidores del deporte profesional nunca pondrán un pie en un estadio, lo cual plantea un reto interesante para los equipos con bases globales de seguidores. «Solamente el cuatro por ciento de todas las personas en el mundo que se declaran seguidores de los Vikings llegarán alguna vez a entrar en el U.S. Bank Stadium», dice Kevin Warren, jefe de operaciones de los Minnesota Vikings. «De modo que cuando tenemos la fortuna de que un seguidor decida gastar sus recursos y acudir a apoyarnos, tenemos que asegurarnos de captar su mente, su espíritu, su corazón y su alma proporcionándole muchos servicios, porque esa podría ser la única vez que entre en nuestro edificio. Necesitamos crear una experiencia que perdure el resto de su vida. Es una responsabilidad increíble».

Warren piensa en grande sobre la experiencia de los seguidores. Se esfuerza por hacer que cada día de partido en el U.S. Bank Stadium sea tan notable, que podría inspirar a alguien de otra ciudad a ir a Minnesota. Él tiene lo que yo llamaría una empatía radical por los seguidores. «Cuando alguien entra en nuestro estadio, no es solo él o ella quien entra», dice Warren. «Esa persona trae con ella, en espíritu, a esas otras personas que no están físicamente presentes. Cuando regresa a su casa, dirá: "Fue la mejor experiencia de mi vida" o dirá que fue una experiencia horrible.

«Dicho eso», continúa, «necesitamos asegurarnos de tener la comida adecuada; que los asientos sean cómodos; que acomodemos a cualquier seguidor independientemente de su nivel de ingresos o de su trasfondo; que acomodemos a familias; que tengamos artículos y vestimenta para todos, y que la vestimenta quede bien; que tengamos lugares donde las mujeres puedan amamantar a sus hijos en privado. Hemos construido una sala sensorial en el estadio para jóvenes que tengan autismo y otros retos sensoriales. Queremos que cada asociado de nuestra diversa base de seguidores se sienta cómodo y disfrute de lo que significa ser miembro de los Minnesota Vikings».

Los Vikings hacen un trabajo excepcional a la hora de relacionarse con la diversa demografía que hay dentro de su base de seguidores y, en particular, sus seguidoras. Las mujeres constituyen el cuarenta y cinco por ciento de la base de seguidores de la Liga de Fútbol Profesional[2] y casi el cincuenta por ciento de quienes compran entradas para los Vikings.[3] Tiene sentido, por lo tanto, que haya un énfasis en proporcionar experiencias que agraden a este grupo y atiendan a sus necesidades. Por ejemplo, los Vikings hicieron historia al convertirse en el primer equipo de la Liga de Fútbol Profesional en incluir en su estadio pequeñas salas Mamava para la lactancia a fin de proporcionar zonas privadas a mujeres que amamantana sus hijos. Las salas fueron un éxito: la demanda fue tanta, que la iniciativa se amplió para incluir una sala para mamás en el estadio. «Al haber sido testigos de la respuesta positiva y la mayor demanda de las salas de lactancia, creímos firmemente que la adición de la sala para mamás era otro paso fundamental para construir un entorno amigable con la familia en el U.S. Bank Stadium», dice Warren.[4]

La organización también ha sido intencional con respecto a elevar las voces y la participación de las mujeres en sus operaciones de negocios. En 2016 se creó una junta asesora de importantes mujeres ejecutivas (yo misma estoy en ella) para maximizar el compromiso del equipo con las seguidoras. Internamente, la organización de los Vikings cuenta con mujeres entre sus líderes principales. Una veterana de los Vikings, de veintiún años, Tami Hedrick, ocupa un rol a nivel directivo dedicado a impulsar la inclusión plena de las mujeres en la organización, tanto interna como externamente, mediante una iniciativa llamada «Mujeres Vikings». «Es un enfoque holístico para la participación de las mujeres, que son fundamentales para el éxito de los Vikings», dice Hedrick. Hay eventos de «Mujeres Vikings» regularmente a lo largo del año, mercadería y vestimenta de «Mujeres Vikings» llenan las tiendas de los equipos; y se realizan esfuerzos continuados en las redes sociales para llegar a las seguidoras femeninas. Internamente, Hedrick y su equipo realizan un calendario anual de participación y actividades de liderazgo para mujeres en la organización Vikings.

El resultado de la estrategia inclusiva de los Minnesota Vikings es los cuatro motivadores en acción: las seguidoras se sienten *conectadas, inspiradas, confiadas* y *apreciadas* debido a que la organización

- *conecta* mediante el modo visible en que el equipo se acerca a las mujeres en el estadio, la comunidad e internamente dentro de su organización,
- *inspira* creando una experiencia inclusiva para las seguidoras,
- *infunde confianza* en que asistir a un partido valdrá la pena por el precio de la entrada y el esfuerzo para llegar allí, y
- *muestra apreciación* ofreciendo servicios y acomodación para cada tipo de seguidor... ¡incluso los recién nacidos!

## CÓMO DAR VIDA AL MARCO DE LOS CUATRO MOTIVADORES EN SU ESPACIO FÍSICO

Los Vikings activan los cuatro motivadores de maneras múltiples por todo su negocio, pero un enfoque clave es la intencionalidad que adoptan con su espacio físico. Esto es algo en lo que cada negocio puede trabajar. Aparte de los estadios, hay muchas maneras en que su entorno físico puede dar vida a los cuatro motivadores, ya sea que usted dirija un espacio minorista o trabaje en una oficina profesional que los clientes visitan.

Con frecuencia se pasa por alto la decoración en las oficinas profesionales, pero puede causar una enorme impresión en el modo en que lo perciben a usted. Escritorios de metal rayados, archivadores repletos y paredes desnudas pueden dejar a los clientes la sensación de que una empresa no es efectiva, o incluso competente. Como prueba de cuánto importa el diseño de oficinas, solamente tenemos que mirar el éxito de la empresa de trabajo colaborativo WeWork. Ha alcanzado un capital de mercado de veinte mil millones de dólares[5] (al escribir estas palabras) no solo conectando con el deseo de tener espacios de trabajo flexibles, sino también al elevar la decoración, el ambiente y la sensación de comunidad de las oficinas compartidas, creando espacios que son tan atractivos que las personas están dispuestas a pagar un suplemento por estar sentadas en ellos todo el día.

Todo en su espacio físico es un constructor de experiencia del cliente, o es un detractor. Pensemos en las tiendas: en lo más básico, son cuatro paredes y un techo. ¿Qué hace que algunas de ellas sean tan atractivas que queramos estar ahí una y otra vez, mientras que otras solo las visitamos bajo coacción? Es el entorno, desde luego, ese sabor a ambiente creado por luces, texturas, colores, mercadería, aroma, limpieza, sonido, comodidad y la energía proporcionada por los empleados. Las mujeres especialmente, tienden a observar y valorar los detalles en entornos minoristas.

Como me dijo una mujer: «Cuando entro en el supermercado Whole Foods, siento una reacción inmediata. No estoy segura de si es serotonina o dopamina. La tienda está tan bien diseñada y es tan colorida y organizada, que es una experiencia agradable de 360 grados».

Al pasar tanto de nuestro tiempo con la vista fija en aparatos, los entornos físicos atractivos son ahora más importantes que nunca. Igual que los propietarios de salas de cine están creando nuevas experiencias proporcionando servicios como mesas con calidad de restaurante y asientos reclinables haciendo pre-reserva, toda empresa que tenga un entorno físico debe evolucionar su espacio de modo que las mujeres se sientan conectadas, inspiradas, confiadas y apreciadas. ¿Por dónde se comienza? Aquí tenemos cuatro principios importantes a seguir:

1. *Proporcionar una experiencia sensorial.* En su mayor parte sigue siendo difícil tocar, gustar u oler nada a través de una pantalla. Esto significa que los negocios de ladrillo y cemento tienen lo que yo llamo una «ventaja que acompaña»: la oportunidad de que los cinco sentidos participen dentro de un entorno físico.

2. *Dar vida a su marca.* La investigación muestra que una marca fuerte y un entorno físico hacen una aportación importante en aras de convertirse en ventas, incluso cuando una transacción se registre finalmente en la Internet.[6] Las personas que se sienten inspiradas por una experiencia estupenda en persona puede que al final decidan ejecutar su compra en la página web de una empresa después de

haber salido de la tienda física o el lugar de negocio. Esto proporciona un nuevo imperativo para que tiendas y oficinas profesionales se conviertan en la personificación física de una experiencia de marca, más que tan solo en un lugar para comprar cosas.

3. *Mostrar hospitalidad.* Actos físicos como tener a miembros del personal acompañando a un cliente por un pasillo (en lugar de solamente señalarle hacia una dirección), ofrecer refrescos, y entablar conversaciones que les ayuden a tomar mejores decisiones de compra dejan a la clientela con un recuerdo indeleble de apreciación, mucho después de haber hecho la compra.

4. *Facilitar el trae y cuenta.* La mayoría de nosotros aprendimos de niños el poder del «trae y cuenta». El concepto puede aplicarse exitosamente en todo tipo de espacios físicos. Sephora es un ejemplo estupendo de una marca que aprovecha el trae y cuenta. Las tiendas de la marca son un patio de juegos para la experimentación y un alejamiento radical de un siglo de experiencias de belleza desde detrás del mostrador. En una industria donde la prueba es una parte crucial de la decisión de compra, la experiencia en Sephora deja a las clientas sintiéndose confiadas en cuanto a comprometerse a una compra en una categoría que está atestada. Aprenderemos más sobre cómo Sephora se gana a la clientela femenina en el capítulo 6.

Quizá esté pensando: *Bueno, claro, Sephora puede crear una experiencia de participación para las mujeres, porque venden productos de belleza. Yo no vendo productos específicos para mujeres.* ¿Qué puedo hacer? Veamos la transformación de una parada de camiones para observar más perspectivas del valor de incorporar estratégicamente los cuatro motivadores en un espacio físico.

## MEJORES PRÁCTICAS

### Pilot Flying J:
*Cuando detenerse en una*
*parada de camiones vale la pena*

Cuando digo las palabras «parada de camiones», ¿qué imagen le viene a la mente? Le garantizo que no es la que verá cuando visite los centros de viaje recientemente rediseñados de Pilot Flying J. Pilot Travel Centers LLC, más conocido como Pilot Flying J, es el mayor centro operador de viajes (conocido también como parada de camiones) en Norteamérica. Muchas personas comenzaron a prestar más atención a la empresa en 2017 cuando Berkshire Hathaway, dirigido por Warren Buffet, anunció que haría una importante inversión en la firma.[7] La empresa con base en Tennessee tiene setecientos cincuenta ubicaciones desplegadas en cuarenta y cuatro estados y seis provincias canadienses que dan servicio a camioneros profesionales y también a «cuatro ruedas»: conductores de autos comunes como usted y yo. La mayoría de nosotros, los «cuatro ruedas», no pensamos en hacer una parada en la carretera hasta que lo necesitamos. Pero, ¿y si un espacio de viajes fuera tan atractivo que tuviéramos deseos de detenernos allí?

Pilot Flying J se embarcó recientemente en una remodelación a cinco años, de quinientos millones de dólares, para ampliar su oferta de experiencia para el cliente hacia una base cada vez mayor de clientes que incluye a más mujeres y a «cuatro ruedas» mucho más que antes: familias que viajan, matrimonios que conducen camiones y viajeros por negocios. Yo hice un recorrido por los centros Pilot recientemente rediseñados de la empresa en Lebanon, Tennessee, y lo que vi fue los cuatro motivadores en acción.

«Las personas quieren conectarse emocionalmente con cómo se sienten en tu tienda», dice Whitney Haslam Johnson, jefa de operaciones de Pilot Flying J y que hizo de mi guía turístico. Haslam Johnson es miembro de la familia Haslam que fundó, y aún dirige, el negocio. «No queremos que dé la sensación de una parada de camiones», dice ella. «La vida ya es lo bastante difícil, lo bastante ocupada, lo bastante loca. ¿Cómo podemos hacer que sea más fácil y eficiente para usted?».

Como el U.S. Bank Stadium, los Centros de Viaje Pilot renovados están diseñados para crear una conexión emocional positiva con cada cliente que entre por la puerta. Sin embargo, contrariamente a un estadio de fútbol, las tiendas Pilot Flying J deben dar servicio a las necesidades de compradores transaccionales (personas que quieren entrar y salir rápidamente para poder volver a la carretera), y también a compradores holísticos, personas que podrían entrar a la tienda para participar en el único descanso relajante, comida caliente e interacción social que tendrán en todo el día (con frecuencia son camioneros profesionales). Para nuestros propósitos, nos enfocaremos en los cambios realizados en la tienda para mejorar la experiencia para el grupo de los cuatro ruedas, que incluye cada vez más a las mujeres.

A lo largo de la historia, la comida ha sido un conducto para las emociones, y en las nuevas tiendas Pilot Flying J, las ofertas de comida están en un primer lugar, no solo el tipo que imaginaríamos para una «parada de camiones». Lo primero que vemos al entrar por la puerta es a un «chef»: un empleado que lleva puesto un gorro de chef y que está de pie en una cocina abierta, removiendo grandes ollas sobre una estufa y sirviendo personalmente comidas calientes a los clientes. Tras asimilar esa agradable sorpresa, oímos el sonido inconfundible y notamos el aroma de los molinillos de café. Pilot Flying J ha instalado máquinas de café que llevan el grano a la taza, lo cual significa que cada taza de café se hace con granos recién molidos. Durante la hora pico cada mañana, un «servidor de café» está cerca para ayudar a los clientes a hacer su selección.

Frutas y alimentos saludables como ensaladas y burritos están en una posición destacada en la entrada de la tienda, bajo la etiqueta de marca: PJ Fresh. Luces LED iluminan los exhibidores y hacen que la mercadería destaque. La iluminación parece cosa de poco, pero tiene mucha importancia: hace que la tienda se perciba brillante, moderna y fresca.

La atención al detalle se extiende servicios sanitarios, que son fundamentales para las mujeres. «Si la experiencia en los baños es mala, puede que perdamos a un cliente», dice Haslam Johnson. «Es su primera impresión. Cuando vemos los comentarios de las clientas, sabemos que el aseo es realmente importante para las mujeres y para personas que viajan con niños». Hice un recorrido por el baño y vi un espacio cálido, inmaculadamente limpio y lleno de vidrio italiano y azulejo, un espejo de cuerpo entero, perchas para colgar bolsas y bolsos, y asientos infantiles. Observé que el cartel del baño de mujeres ni siquiera era eso: era una fotografía grande de una mujer al volante de un auto con su cabello ondeando al aire.

Otro elemento en el que Pilot Flying J ha invertido es en iluminación LED en sus estacionamientos y también en sus toldos para crear una atmósfera bien iluminada y aumentar la seguridad y la comodidad. La empresa también ha invertido en comprar bienes raíces cerca de salidas de autopistas. Como lo expresa Haslam Johnson: «Nadie quiere salir y después conducir durante kilómetros en la oscuridad». Estas son el tipo de innovaciones que muestran a las mujeres que el negocio está comprometido a proporcionarles una experiencia positiva. Cuando se incorporan perspectivas femeninas, como preocupaciones sobre seguridad, se eleva la experiencia para todos. En definitiva, los hombres también quieren estar seguros.

Para completar la experiencia del cliente, Pilot Flying J tiene la meta de despedir a cada uno de ellos con un adiós personal. El gerente general de la tienda, Hunter Brock, lo describe de este modo: «Nos aseguramos de que haya una bienvenida cuando la gente entra, un comentario de despedida cuando se va, y una conversación en el medio».

Las tiendas recién remodeladas en Pilot Flying J son un ejemplo de los cuatro motivadores en acción. Mediante su espacio físico, Pilot Flying J

- *conecta* al tener miembros del personal que saludan a los clientes cuando entran y les dicen adiós cuando se van,
- *inspira* proporcionando un nivel inesperadamente elevado de opciones de comida y bebida, limpieza y ambiente en la tienda,
- *infunde confianza* iluminando bien los centros de viaje y ubicándolos cerca de salidas de autopistas, de modo que los clientes no tendrán que desviarse demasiado de la carretera para llegar allí, y
- *muestra apreciación* por sus clientas femeninas proporcionando opciones de alimentos sanos, baños inmaculados con servicios bien pensados, y mercadería concreta para mujeres en sus estanterías.

Al ver ejemplos prácticos de líderes de la industria como Pilot Flying J, usted podrá usar su creatividad para incluir en su negocio los cuatro motivadores. Los siguientes cuatro capítulos le proporcionarán decenas de herramientas y técnicas para hacer que sus clientas se sientan más conectadas, inspiradas, confiadas y apreciadas.

## PUNTOS CLAVE

- Los clientes a menudo encajan en dos estilos de compra: transaccional y holístico. Al ajustar la experiencia de compra para compradores holísticos, probablemente aumentará el atractivo para las mujeres consumidoras, quienes con frecuencia se encuentran en este modo. También les dará a los compradores transaccionales una experiencia que no esperaban pero que están contentos de recibir.
- El marco de los cuatro motivadores puede servir como su guía de buenas maneras para crear resultados emocionales positivos para su clientela femenina. Idealmente, las clientas quieren sentirse
  - *conectadas* a usted, su marca y su negocio,
  - *inspiradas* a comprarle a usted,
  - *confiadas* en sus decisiones de compra y
  - *apreciadas* por su negocio
- Los Minnesota Vikings y Pilot Flying J nos muestran que proporcionar una experiencia inclusiva para las mujeres mejora la experiencia para todos los clientes.

## ACTIVE SUS IDEAS

- Pensando en su propio negocio y su estilo de venta, ¿qué motivadores son sus mayores fortalezas? ¿Cuáles necesitan más trabajo?

- Mi habilidad para conectarme
- Mi habilidad para inspirar
- Mi habilidad para hacer que los clientes sientan confianza
- Mi proactividad en mostrar apreciación

- Imagine que su cliente está charlando con una amiga. Su cliente le dice a su amiga: «*Tienes* que trabajar con [USTED] porque_____». ¿Cuáles son los motivos que le gustaría que diera su cliente? ¿Cuántos de ellos puede pensar que no tengan que ver con el precio?

- Evalúe su entorno de negocio mirándolo con los lentes de las mujeres compradoras. Póngase usted mismo en modo «comprador de incógnito» y responda las siguientes preguntas, que reflejan algunas de las cosas que las mujeres quizá estén observando cuando entran en su lugar de negocio:

  - ¿Se siente brillante y moderno este lugar?
  - ¿Está limpio el espacio?
  - ¿Me dieron una amigable bienvenida cuando entré?
  - ¿Me hacen sentir cómodo las personas aquí (por ej., son corteses y respetuosas)?
  - ¿Hay alguna mujer trabajando aquí?
  - ¿Hay un lugar para que yo o mis acompañantes nos sentemos?
  - ¿Atienden a las personas que llegan con niños?
  - ¿Muestran interés en ayudarme?
  - ¿Parecen instruidas y fiables las personas aquí?
  - ¿Ofrecen un buen valor por el precio?
  - ¿Puedo contar con ellos si algo sale mal con mi compra?
  - ¿Querría regresar a este lugar?

# CAPÍTULO 4

# MOTIVADOR 1: CONECTADAS

*Cómo crear una conexión emocional con su clientela femenina*

Como profesional de ventas, usted es una parte crucial de la experiencia de compra de sus clientes tanto, o incluso más, que los productos y servicios que representa. Nuestro primer motivador, *conectar*, se trata de crear conexiones fuertes con su clientela femenina.

Nunca he conocido a nadie que haya dicho: «Mi meta es alejar a mis clientes». Todo aquel que conozco tiene las mejores intenciones de tratar a los clientes igualmente bien y cree en su corazón que lo hace. Pero pueden producirse malentendidos que a veces están arraigados en las distintas experiencias de vida que hombres y mujeres ponen sobre la mesa. Lo que sigue es una mezcla de tres clásicos «asesinos» de conexión que he escuchado una y otra vez de mujeres compradoras. Al leerlos, pregúntese: ¿Sucederían estas situaciones con clientes varones?

## EL HALAGO NO DESEADO

Una joven entra en una pequeña mueblería para mirar un sofá que ha visto en el escaparate. El lugar está vacío a excepción de un solo empleado, que se levanta y le saluda diciendo: «Acaba de alegrarme el día. Me encanta cuando una mujer bonita entra en mi tienda». La clienta se queda helada y se siente incómoda de inmediato. El vendedor piensa que está estableciendo una buena relación al hacerle un halago; supone que todas las mujeres quieren oír que son bonitas.

El halago tiene el efecto contrario en la clienta. Según su perspectiva, un comentario sobre aspecto físico por parte de un varón desconocido en una tienda vacía es inapropiado y no deseado. No tiene nada que ver con comprar un sofá. Ella piensa: *Me voy de aquí*, y entonces da una excusa y se va. Él pierde la venta y se dice a sí mismo que ella en realidad no quería comprar. No entiende que su comentario fue la razón por la que ella salió de la tienda. Ella compra un sofá nuevo en otro lugar.

*Lo que salió mal:* El profesional de ventas perdió a su cliente en el saludo. Tenía formación adecuada sobre las características y beneficios de cada producto que había en la tienda, pero al final eso no importó. No conectó con su cliente porque creyó erróneamente que halagar su aspecto físico sería bueno para romper el hielo. Es importante entender cómo usar los halagos en las interacciones con los clientes. No es que los halagos en general no sean bienvenidos; es que el contexto, la opinión y el lenguaje importan, en particular para las mujeres compradoras. ¿Era la intención del vendedor que su comentario le hiciera sentir incómoda? No. Pero él no se ha pasado toda la vida como mujer, siendo juzgada por el aspecto físico; así, su perspectiva es completamente diferente a la de sus clientes. Habría sido más sabio por su parte halagar en cambio su estupenda decisión sobre el sofá. Cuando tenga duda de si un halago es apropiado, haga la prueba de «cuando tenga dudas» en la página XX.

# LOS SUPERHABLADORES

Una mujer entra en una concesionaria de autos de lujo para probar y comprar (espera ella) el auto que ha estado viendo en la Internet. Se siente estupendamente cuando ve que una vendedora la acompañará en su prueba de conducción. Mientras va conduciendo la corta distancia, la vendedora establece que las dos son madres de hijos pequeños y comienza a hablar de su reciente divorcio y de la negativa de su exesposo a pagar la manutención de los niños. La clienta no está interesada en la vida personal de la vendedora y le molesta verse forzada a escuchar sus problemas mientras van en el auto. La vendedora siente que está creando un vínculo con otra madre al compartir su historia personal. Piensa: *Crear vínculos es lo que hacen las mujeres, y ahora esta clienta tiene una razón para identificarse conmigo.*

Al final de la prueba de conducción, la vendedora sigue hablando de su exesposo, y la clienta está tan exasperada que no compra el auto porque eso significaría pasar horas con esa vendedora para ejecutar el contrato. Se va y no regresa a la concesionaria. La vendedora supone erróneamente que esa mujer era una «catacaldos» y no entiende que sus malas habilidades interpersonales literalmente la llevaron a la competencia, donde compró el mismo auto sin necesidad de prueba de conducción.

*Lo que salió mal:* La clienta estaba buscando un auto nuevo, no una nueva amiga. Esta historia ilustra que las dinámicas de género en las ventas no están limitadas a hombres que venden a mujeres; también pueden influir en la venta de mujeres a otras mujeres. Esta vendedora no recorrió la línea entre conectarse con su clienta encontrando algo en común y espantarla al compartir en exceso información personal. Hablaremos sobre cómo recorrer esa delgada línea que hay entre el «demasiado» y el «no suficiente» mediante lo que denomino la «estrategia bumerán» en la página XX.

## QUIEN NO SABE ESCUCHAR EL «NO SE HAN HECHO PREGUNTAS»

Una mujer madura se sienta para hacer una llamada introductoria con un posible asesor financiero. Desde el primer momento, el asesor habla sin parar sobre su experiencia, su perspectiva del mercado, y los pros y contra de productos financieros concretos. Habla tanto, que ella no puede decir ni una palabra, y después de la sensación de haber pasado una eternidad, ella comienza a desconectarse de él. A él le queda por hacerle una sola pregunta sobre cuáles son sus metas o lo que ella está buscando, y habla sobre productos que son irrelevantes para las necesidades que ella tiene. Ella da una excusa y cuelga el teléfono, y él nunca vuelve a saber nada de ella. Se queda con la impresión de que ella realmente no tenía la intención de consultar a un asesor. Pero estaba equivocado.

*Lo que salió mal:* Este asesor pasó demasiado tiempo hablando de sí mismo y no el tiempo suficiente escuchando a su cliente. Lo que él no sabía era que ese cliente tenía décadas de experiencia en inversiones. La intención que él tenía era la de establecer sus credenciales, pero al dominar la conversación durante tanto tiempo y no hacer preguntas al principio, comunicó que, si él era su asesor, ella no sería escuchada o tomada en serio. La escucha activa es clave para que cualquier profesional de ventas se gane a la clientela femenina, y hablaremos de múltiples estrategias para demostrar esta capacidad.

Cada uno de estos profesionales bien intencionados había esperado conectarse con sus clientes, los cuales esperaban comprar algo. Los profesionales de ventas fueron incapaces de conectarse, y después ganarse a su clientela femenina, porque sus ideas sobre cómo conectar con las mujeres estaban basadas en estereotipos, como la idea de que seguramente se ganará a una mujer por halagar su aspecto físico, o que mostrar agresivamente la experiencia propia es más importante que escuchar. Para involucrar de modo eficaz a la mujer moderna, necesitamos dejar a un lado los estereotipos y aprender lo que realmente se necesita para conectarla. A continuación tenemos algunas viejas suposiciones a evitar:

- *No suponer que su clienta está casada, independientemente de cuál sea su edad o su estado maternal.* Los índices de matrimonio son más bajos de lo que han sido nunca, debido a factores como altos índices de divorcio, la aceptación cultural de vivir juntos, y el aumento de diversas estructuras familiares no tradicionales.
- *No suponer que si su clienta está casada, tiene el mismo apellido que su cónyuge.* Muchas mujeres conservan su apellido de soltera al casarse.
- *No suponer que su clienta casada no es el sostén de la familia.* Como vemos en las cifras mencionadas en el capítulo

anterior, las mujeres son cada vez más la principal fuente de ingresos para sus hogares.

- *No suponer que su compañero o cónyuge es un hombre.* En Estados Unidos, el matrimonio entre personas del mismo sexo es legal en los cincuenta estados.
- *No suponer que todas las mujeres casadas son madres.* Hay más adultos que nunca que no tienen hijos; también hay muchos más que los tienen más adelante en la vida. He entrevistado a mujeres que fueron confundidas con niñeras de sus hijos o incluso con sus abuelas.

Para ayudarle aún más en esta área, estas son algunas de las «precauciones» a tomar en la conversación:

- Cuando descubra que una mujer no tiene hijos, no indague para saber los motivos a menos que la información sea necesaria para ayudarle a tomar una decisión de compra. Por el contrario, respete su privacidad en este tema. Algunas mujeres no tienen hijos por casualidad y otras no los tienen por elección. Una manera de enterarse respetuosamente de cuál es el estilo de vida de sus clientes, sean varones o mujeres, es abordar temas como el modo en que se desarrolla un día típico para ellos, quién vive en sus hogares, o qué otra persona podría utilizar un producto que tienen interés en comprar.
- No diga: «Supongo que es usted más una persona de carrera profesional» a una mujer que no tiene hijos por las mismas razones anteriores.

- Si conoce a una mujer que le dice que tiene un hijo, no pregunte: «¿No quiere que su hijo tenga un hermano o una hermana?».

Independientemente de cuál sea su intención, haga todo lo posible por evitar hacer comentarios que sus clientes pudieran interpretar como juicios sobre su vida personal.

## TOMAR LA PRUEBA DE «CUANDO TIENE DUDAS»

Todos estos comentarios no pasan mi prueba de «cuando tiene dudas»: es una prueba inclusiva en la cual se hará la pregunta: ¿Le diría esto a un hombre? Nuestro vendedor en la mueblería al que vimos al principio de este capítulo fallaría en esta prueba, porque no es probable que nunca hiciera un comentario sobre el atractivo físico de un cliente varón. Tampoco es probable que alguien le dijera a un hombre con un empleo: «Supongo que es usted más una persona de carrera profesional». *Si no le diría algo a un cliente varón ni en un millón de años, piénselo dos veces antes de decírselo a una mujer.* Desde luego que hay excepciones, especialmente para quienes venden productos de moda y belleza, pero lo fundamental es que su clienta quiere sentir que usted le está ayudando a tomar la mejor decisión y no la está juzgando.

Ahora que hemos cubierto algunas de las «precauciones», ¿qué debería hacerse en cambio? ¿Cuáles son los protocolos actuales para conectar con mujeres compradoras? Las páginas que siguen le darán estrategias para mejorar su conexión, y mejores prácticas de algunos de los individuos y empresas que mejor lo hacen. No hay final para las posibilidades de crear conexiones con los clientes cada vez más profundas y duraderas. Por ejemplo, veamos cómo se conecta con sus pacientes una consulta dental extraordinaria en Chicago.

## MEJORES PRÁCTICAS

## Cuidado dental Always There
### *Conectarse contra todo pronóstico*

Todo el mundo recuerda el miedo que le daba ir al dentista cuando era niño. Para muchas personas, ese miedo nunca desaparece. Imaginemos cómo debe ser la vida para los dentistas, cuyo medio de vida depende de establecer esas conexiones fuertes con pacientes que están dispuestos a sobreponerse a sus miedos para regresar a la consulta normalmente.

Las mujeres toman el ochenta por ciento de las decisiones sobre cuidado de la salud para sus familias.[1] La decisión de permanecer fiel a largo plazo a un proveedor de cuidado de la salud, como un dentista, se basa en muchos factores, desde la cobertura del seguro hasta la ubicación de la consulta, su reputación y, naturalmente, la calidad de la experiencia del paciente. Scott Stiffle, cirujano dental, fundó la consulta dental con base en Chicago, Always There Dental Care en 1983. Es una consulta que no solo tiene pacientes; tiene *seguidores* que a veces se detienen para pasar un rato allí, aun cuando no tengan cita, porque la atmósfera y las personas son muy divertidas. ¿Es esto lo típico? No. ¿Va *usted* a pasar el rato a la consulta de su dentista?

Stiffle, conocido para sus pacientes como Dr. Scott, se conecta de un modo único: mediante la música. Concretamente, música rock. Entrar en su consulta es como entrar a una fiesta en la que todos se alegran de vernos. El Dr. Stiffle y su socio, Jeffrey Wojno, cirujano dental, usan música, arte, humor e incluso ropa para conectarse con sus pacientes, para ayudarlos a vencer sus miedos y tranquilizarlos. Las canciones están a un volumen bajo. Arte moderno y fotografías en blanco y negro de músicos cuelgan en las paredes. El personal viste camisetas negras debajo de sus batas de laboratorio que presentan temas divertidos relacionados con el trabajo dental, como «Placa Sabbath» o «Encías y Rosas». El Dr. Stiffle comenzó a crear los eslóganes de las camisetas, pero ahora lo hacen los pacientes. Siempre hay concursos para crear otros nuevos, y los pacientes parecen ponerse las camisetas tanto como las viste el personal, porque la consulta las regala. Pacientes de mucho tiempo aspiran a coleccionar las nuevas en cuanto «salgan».

Cuando las personas están en sus sillones dentales, las pantallas de televisión muestran fotografías de pacientes vistiendo sus camisetas de rock 'n' roll de Always There Dental Care, sonriendo y saludando a la cámara. En una de las fotografías, una paciente lleva puesta su camiseta sobre su vestido de boda; otra fotografía capta a un paciente con su camiseta bajo el agua y con un snorkel en su boca. El pie de foto es siempre el mismo: «Tenemos a los mejores pacientes del mundo». El Dr. Stiffle acepta peticiones de canciones de los pacientes. Hace listas de reproducción y canta mientras va de un sillón a otro. Se pueden oír sus risas por toda la consulta.

---

La atmósfera informal es parte de una estrategia pensada para conectarse con los pacientes y exorcizar el miedo. «Curamos a las personas de ansiedad», dice el Dr. Stiffle. «La formalidad es una barrera, de modo que tenemos una atmósfera casual para que los pacientes se sientan bien. Les mostramos que no están solos. Honramos su ansiedad y el hecho de que estén en la consulta y consiguieran atravesar nuestra puerta. Cuando entran, nosotros alejaremos esa ansiedad. Yo voy a apropiármela, no ellos», dice.

Si se pregunta si el Dr. Stiffle es de la generación de los mileniales, no lo es. Tiene más de sesenta años.

El Dr. Stiffle y su equipo refuerzan la conexión haciendo de la educación del paciente una prioridad. La filosofía de que «un cuerpo sano comienza con una boca sana» está por toda la consulta y es reforzada constantemente. El equipo de personal utiliza de modo entusiasta modelos de dientes para explicar el *motivo* que está detrás de los procedimientos y métodos dentales. «Es asombroso ver cuántas personas han sido pacientes en otras consultas durante años, y no saben nada sobre el *motivo* de sus tratamientos», dice el Dr. Stiffle. «Las consecuencias de no conocer eso son inmensas. Nuestra perspectiva es que no solo estamos salvando dientes; estamos añadiendo años de vida. Por eso la educación es fundamental en nuestra consulta. No les decimos a nuestros pacientes qué hacer; los empoderamos con información de modo que ellos puedan tomar por sí mismos decisiones sensatas. Y apropiarse de esa información permite al paciente difundirla entre sus amistades y familiares. Es nuestra mejor herramienta de mercadotecnia».

Las cinco estrellas que tiene Always There Dental Care en las reseñas en la Internet serían la envidia de cualquier empresa pequeña. Detrás de la atmósfera casual está una consulta que discurre con la precisión de una operación militar. El personal está rigurosamente preparado y formado, las citas comienzan y terminan puntualmente, y la consulta invierte constantemente en la última tecnología, tanto que por rutina se lleva a los nuevos pacientes por un recorrido de las últimas adquisiciones de la firma. El equipo ha dominado el arte de conectarse con los pacientes mediante el entorno físico (lugar) y la interacción del equipo (personas). Como verdaderos profesionales, lo hacen tan bien que parece fácil. Pero si lo fuera, habría muchas menos personas con miedo a visitar al dentista.

---

## CÓMO DOMINAR LOS PUNTOS FUNDAMENTALES DE LA CONEXIÓN

Conectarse con los clientes puede hacerse de diversas maneras, por lo que usted debería sentirse libre para ser creativo, como han hecho el Dr. Stiffle y su equipo. Pero antes, hablemos de algunas técnicas y estrategias claras y directas que pueden ayudar a construir un fundamento fuerte para la conexión.

### Dar una amigable bienvenida con contacto visual cada vez.

Sé lo que está pensando. ¿En serio? ¿Tiene que detallar esto? Me gustaría no tener que hacerlo. Es muy obvio, pero le reto a que cuente cuántas veces por semana recibe usted una amigable bienvenida y contacto visual como cliente, ya sea que esté en el supermercado, en su banco o en la mesa de recepción de la oficina de alguien. Los saludos amigables y el contacto visual son de sentido común, pero no son práctica común. Muchas veces, los clientes son simplemente ignorados.

Las mujeres en particular relacionan el contacto visual con escuchar y con el respeto. El contacto visual no significa mirar fijamente, desde luego; se trata más de mostrar reconocimiento. En un mundo con tantas opciones y competición, pocas personas necesitan emplear un solo minuto (o un solo billete) en cualquier persona o negocio que les haga sentir poco bienvenidos o no apreciados. Cuando esté trabajando con parejas, asegúrese de aplicar de modo igualitario su contacto visual.

Desde un punto de vista minorista, he entrevistado a incontables mujeres que me han dicho que han entrado a una tienda para comprar algo y se han ido con las manos vacías porque no pudieron encontrar lo que buscaban y nadie les mostró reconocimiento ni les ayudó. Invariablemente, todas dicen las mismas dos palabras: «Me cansé».

## Ser cauteloso con comenzar una conversación hablando de precios.

Cuando se encuentra con una clienta y su primera pregunta es: «¿Cuánto quiere gastarse?», puede arrinconarla antes de haber tenido la oportunidad de saber sobre las necesidades de ella. Hacer preguntas sobre necesidades es con frecuencia el punto de inicio ideal para las conversaciones, porque le permite posicionarse como un recurso y una guía. Entonces es probable que el cliente mencione su comodidad con el precio a medida que usted muestre opciones y rangos. *Para las mujeres, el concepto de valor no significa necesariamente la opción de menor precio; significa que lo que compraron tenía más valor que lo que pagaron por ello.* Es aquí donde los elementos de servicio pueden desempeñar un papel muy importante. Como me dijo una participante en un estudio: «Si algo hace mi vida más fácil, pagaré por un servicio mejor. Por ejemplo, si estuviera comprando muebles, preguntaría: "¿Retirará de mi casa mi viejo sofá? ¿Ayudará a ubicarlo?". Si no hay nada de diferencia, optaré por el precio más bajo».

## Hacer preguntas para romper el hielo que inviten a la conversación.

Si está en un entorno minorista y ve a un cliente buscando un producto, un modo de entablar una conversación es decir algo como:

- «Poco común, ¿verdad?».
- «Interesante, ¿no es cierto?».
- «[*Inserte aquí otro adjetivo*], ¿no cree?».

Aunque estas son técnicamente preguntas con «final cerrado», ofrecen un modo sencillo de comenzar un diálogo y conectarse. El cliente puede sentirlas menos intrusivas porque el comentario está dirigido a un objeto y no a la persona.

## Incorporar elementos de hospitalidad cuando se pueda.

Hace poco entré en una tienda pequeña e independiente en la que me preguntaron: «¿Le gustaría tomar un cappuccino?». Fue una sorpresa deliciosa. Sin embargo, cuando consideramos la proliferación de las cafeteras de una sola taza, es bastante sencillo de ofrecer. Incluso el uso que hizo el propietario de la tienda de la palabra «cappuccino» en lugar de «café» evocó una imagen de lujo, y también comunicaba sutilmente: «No le serviré café que ha estado reposando en una cafetera durante tres horas». Lo más importante, eso estableció el tono para que me quedara en la tienda echando un vistazo. No hay ninguna duda: refrigerios, asientos cómodos y una cálida bienvenida son maneras sencillas de mejorar la experiencia del cliente en todo tipo de empresas y entornos minoristas. Ha funcionado para los seres humanos por miles de años. ¿Qué puede hacer usted en su propio espacio?[2]

## No permitir que los compañeros de trabajo saboteen su buena impresión.

Para bien o para mal, sus compañeros de trabajo son un reflejo de su empresa, su marca y, por extensión, de usted. Asegúrese de que todos en su oficina o entorno de venta conozcan la importancia de tratar (o como mínimo, reconocer) a la clientela como usted lo haría, sin importar si los empleados trabajan con ellos personalmente o no. Todo el equipo forma una parte importante de la impresión acumulada que se genera, en particular para los compradores holísticos.

## Duplicar la experiencia para quienes compran por primera vez.

Cada cliente que compra por primera vez es un pequeño milagro: de todas las cosas que podrían estar haciendo ese día, de todos los lugares donde podrían estar, de todas las empresas donde podrían comprar, están comprando en el negocio de usted. ¿Qué puede hacer para que esa experiencia por primera vez sea tan satisfactoria que quieran regresar allí una y otra vez? Por una parte, ordene sus recursos. Tome indicaciones de empresas como los restaurantes de lujo, donde los gerentes a menudo crean indicaciones visuales para alertar al personal sobre personas que van por primera vez. Esas indicaciones podrían ser una servilleta de un color distinto en la mesa, un centro de mesa diferente, o un código especial en el pedido. La idea es asegurarse de que cada miembro del equipo reconozca al cliente que va por primera vez y haga todo lo posible por causarle una impresión positiva. ¿Puede usted hacer algo parecido con quienes compran por primera vez en su empresa?

## No solo dar la bienvenida, también hacerlo cuando regresen.

Si trabaja con clientes que regresan, utilizar las palabras «bienvenido de nuevo» en lugar de simplemente «bienvenido» es una potente forma de reconocimiento. Está en la naturaleza humana querer ser reconocido. Una vez trabajé con una mujer que iba a su restaurante favorito cada semana la noche del vino a mitad de precio. Finalmente dejó de hacerlo porque, a pesar de ir allí semanalmente durante un año y disfrutar mucho de la comida, ninguno de los recepcionistas ni los camareros le mostraban reconocimiento. Ya no podía soportarlo más. Me dijo: «¿Qué caso tiene ser un cliente regular si nadie te reconoce?».

«Encantado de verle» a menudo es mejor que «Encantado de conocerle».

Esto es especialmente cierto si cree que puede haberse encontrado antes con la persona. Es una elección de palabras más segura.

## Aclarar la pronunciación y cómo se deletrea el nombre.

Si su clienta es Erika con la letra *k* o Jazmine con *z*, o tiene un nombre poco común, será mejor que crea que ella lo notará y quedará impresionada cuando usted lo deletree y lo pronuncie correctamente. A algunas personas les da vergüenza preguntar a los clientes cómo se pronuncian sus nombres, y por eso no utilizarán el nombre del cliente en la conversación para evitar cometer un error. Eso es derrotarse uno mismo. Cuando pida aclaración, puede decir simplemente: «Quiero asegurarme de pronunciarlo correctamente». Su cliente apreciará que usted se interese por pronunciarlo bien. Aclarar cómo se deletrea un nombre es siempre importante, incluso con nombres que usted cree que conoce bien. Por ejemplo, un nombre podría deletrearse como Michelle o Michele. Deletrear correctamente un nombre parece un detalle pequeño, pero si no lo hace, las mujeres pueden pensar: *Si no puede pronunciar bien mi nombre, ¿qué otra cosa podrá malentender también?* Por el contrario, cuando lo capta bien, ellas probablemente piensen: *Vaya, esta persona realmente se ocupa de todo.* Para las mujeres, las cosas pequeñas son las más grandes. Cuando usted entiende bien los pequeños detalles, es una señal de que sus clientes pueden confiar en usted en las cosas más grandes, como su dinero.

## Encontrar una conexión fácil.

Hay una razón por la cual los recepcionistas de muchos hoteles llevan una placa con su nombre y también la ciudad o el estado de esa persona. Es un punto de conexión fácil con la clientela. «¿Es usted de Arizona? ¡Me encanta Arizona!». Llevar una placa donde se lee el estado de donde proviene quizá no sea apropiado para la mayoría de los empleos, pero la idea de encontrar algo en común es buena. Por lo general, las mujeres buscan lo que tienen en común con alguien. Si usted tiene una oficina, ubique estratégicamente mucho material con el que su clientela femenina pueda conectarse: recuerdos, fotos de la naturaleza o la familia, una pieza de arte interesante, y muchas otras. Entrevisté a una joven vendedora profesional que no tiene hijos, y me dijo que tiene sobre su escritorio una fotografía de ella con sus sobrinos y sobrinas porque eso le proporciona un punto de conexión con la clientela a quien le gusta hablar de sus hijos y los nietos. Mantenerse al día de los acontecimientos actuales es otra manera estupenda de establecer conexiones con facilidad.

## Encontrar una conexión mediante los perfiles profesionales de su clientela y de los clientes potenciales.

En las ventas entre empresas, casi no hay ninguna excusa para no saber algo sobre un individuo antes de relacionarse con esa persona, si tiene un perfil profesional en la Internet. Además de descubrir a personas y también intereses que tal vez tengan en común, leer las publicaciones profesionales de alguien puede darle una oportunidad de conectar de un modo más natural del que sería posible de otro modo. «Incluso algo tan sencillo como: "Me gustó mucho ese artículo que compartió en LinkedIn; estas son algunas de las cosas que me gustaron" significa que de repente está en una conversación que tiene relevancia para esa persona», dice Justin Shriber, vicepresidente de mercadotecnia de LinkedIn Sales and Marketing Solutions. Estos perfiles por lo general contienen información sobre la educación académica de la persona, sus intereses y galardones, lo cual le da muchas cosas con las que conectarse.

## «Puntualidad» significa unos minutos antes.

Nadie tiene intención de llegar tarde nunca, pero todos hemos oído que «el camino hacia el infierno está pavimentado de buenas intenciones». Llegar tarde aunque sea un minuto lo nota todo el mundo ahora, ya que todos nuestros teléfonos celulares están sincronizados. En un mundo ideal, la clientela nunca le esperará. Llegar temprano a las citas y reuniones es una de las maneras más importantes de mostrar respeto por el tiempo de alguien. La misma regla se aplica a las llamadas por conferencia. Haga que sea una práctica, si no lo es ya, marcar cinco minutos antes de la hora e intentar ser el primero en la línea cada vez. No se ponga la zancadilla al comenzar llegando *después* de su cliente. Otra buena regla general es reconfirmar cuánto tiempo tiene su cliente al comienzo de una llamada o reunión, y comprobar con ese cliente diciendo:

«¿Cómo vamos de tiempo?» al acercarse al final del tiempo establecido. Si ha enviado a alguien una invitación al calendario para una llamada de 10:00 a 10:30 de la mañana, es una buena idea verbalizar a las 10:25 que, por respeto al tiempo de la persona, comenzará a concluir. Si necesita más tiempo, pregunte si ella está dispuesta o puede proseguir más tiempo.

Nunca olvidaré la ocasión en que fui como clienta de incógnito a un minorista de colchones, y la vendedora me dijo: «¿Cuánto tiempo tiene para echar un vistazo?». Yo respondí que tenía diez minutos. Comenzamos a charlar sobre los productos y, antes de darme cuenta, ella dijo: «Según mi reloj, le quedan a usted tres de sus diez minutos. ¿Cómo vamos de tiempo?». Quedé completamente sorprendida, y pensé: ¡Esta mujer respeta mi tiempo más que yo misma! Como resultado, de buena gana le di más tiempo. Preguntar: «¿Cómo vamos de tiempo?» es una técnica especialmente útil para llamadas telefónicas y llamadas por conferencia, donde no puede ver físicamente el nivel de participación y compromiso de su clientela.

## Hacer saber a las compradoras que espera verlas de nuevo.

A las personas les gustan las personas a las que caen bien... ¡demuéstrelo! Las empresas en la industria de los viajes hacen un trabajo excelente a la hora de enviar con antelación mensajes a clientes que no solo les recuerdan sus fechas de partida y de llegada, sino que también les dicen que están deseando verlos y se están preparando para su llegada. Eso ayuda a crear una conexión emocional, y podría replicarse de varias otras formas en otras industrias.

## Hacer preguntas reveladoras con propósito.

Todos sabemos que las preguntas reveladoras tienen la intención de exponer las necesidades de alguien y calificarlas. Aunque es importante hacer este tipo de preguntas, no querrá que su clienta tenga la sensación de que la están interrogando. Un modo de evitarlo es asegurarse de que cada pregunta tenga un propósito, de modo que puede decirle a su clienta por qué está preguntando. El contexto es importante para las compradoras holísticas.

## Enfocarse en el futuro.

Cuando está hablando con una clienta o con alguien que puede serlo, puede estar firmemente en el presente (o como se dice en clases de yoga, *en el momento*), pero tal vez esté pensando en el futuro mientras le escucha. Incluso si ella no lo menciona, probablemente esté pensando en qué significará para su futuro estado comprar su producto. ¿Le ayudará a dormir mejor en la noche? ¿Resolverá un problema persistente? ¿Le hará ganar más dinero, más prestigio? ¿Se verá como una heroína por haberlo escogido? ¿Le hará más feliz? ¿Hará más felices a las personas que tiene cerca? ¿Mejorará su calidad de vida? ¿Le ahorrará dinero? Ella quiere que su producto o servicio haga algo positivo para su futuro; de otro modo, no lo estaría comprando.

Por lo tanto, ahí está ella, con su mente en el futuro y su cuerpo en el presente, ya sea físicamente delante de usted o al otro extremo de un teléfono, en el correo electrónico, el texto o la pantalla de chat. Si ella está en el futuro, es ahí donde usted también querrá estar. Puede viajar hasta ahí dibujando un cuadro de cómo sería su vida si ella poseyera su producto.

Piense en maneras de utilizar el tiempo verbal futuro en sus conversaciones, para ayudar a su clientela a visualizar el tenerlo. Profundizaremos más en cómo hacerlo en las mejores prácticas de Lexus en la página XX.

## En entornos entre empresas, dé a su clientela la oportunidad de hablar primero.

En reuniones de ventas entre empresas, los vendedores potenciales con frecuencia hablan durante largos periodos de tiempo: de treinta a sesenta minutos, o incluso más tiempo en transacciones complejas. Tras las presentaciones y antes de lanzarse a su discurso, piense en tomar un momento para pausar y preguntar a los clientes: «¿Hay algo que les gustaría decir antes de que comencemos?». Esta importante pregunta puede poner sobre la mesa nueva información que afecte el modo en que usted posiciona sus ofertas.

## Sentirse libre para tomar notas.

¿Cuándo fue la última vez que alguien tomó notas cuando usted comenzó a hablar? Apuesto a que eso causó una impresión. Sé que a mí siempre me sucede. Aunque quizá no sea adecuado para todos los entornos de ventas, tomar notas muestra a su clientela que usted está escuchando activamente y que sus palabras tienen la importancia suficiente para anotarlas. Este sencillo acto tiene un propósito doble, porque también le permite registrar todo tipo de detalles del cliente. Más adelante, su clientela quedará impresionada de que usted «recuerde» esos detalles. Si tiene acceso a un buen sistema de gestión de relación con el cliente, aprovéchelo al máximo.

## Descubrir la prioridad más importante de su clientela.

Preguntar a su cliente cuál es su prioridad más importante puede ayudar a que sus conversaciones sean más eficientes y, si el cliente es receptivo, guiarle hacia cómo poder servirle mejor. Por ejemplo, yo participo en muchas conferencias, y mi pregunta principal para los planificadores de reuniones siempre es: «¿Qué haría que mi presentación fuera un jonrón para ustedes?». Sus respuestas me proporcionan un plano importante sobre cómo satisfacer, y con suerte superar, sus expectativas.

## Si miramos una pantalla, es útil si su cliente también puede verla.

Es probable que la mayoría de sus clientes lleven un teléfono, quizá visiblemente delante de usted. Mirar pantallas es ahora parte de nuestro «idioma» común. Si tiene a una clienta sentada al otro lado de su escritorio mientras usted utiliza una computadora, intente girar la pantalla para que ella pueda verla también, si es apropiado que vea la información, o se arriesgará a que ella acuda a su propia pantalla y se enfoque en eso en lugar de enfocarse en usted.

## Mejorar la empatía.

El término *imitación* se utiliza frecuentemente en los programas de formación en ventas, pero yo creo que *empatía* es la palabra más apropiada para describir el adaptar su actitud a la de la persona o las personas con las que se está relacionando. Es cuestión de prestar atención al lenguaje corporal de su clientela, su contacto

---

visual, nivel de energía y palabras. Cuando hace usted eso, es más fácil acercarse a su clientela de una manera que conecte.

Por ejemplo, si trabaja con un cliente que tiene una actitud discreta, no la apague abrumándola con su personalidad. Como persona extrovertida, este es un reto constante para mí; pero he aprendido que si puedo comenzar en el nivel de energía de mi cliente, lentamente puedo ir avanzando desde ahí.

Se dé usted cuenta o no, el lugar de su empresa también tiene un nivel de energía. Una directora de funerarias con la que hablé me dijo que tuvo que indicarle a su personal muy ocupado que nunca atravesaran la sala del funeral al ir de una oficina a otra, porque ir corriendo y parecer estresado puede ser incómodo para personas dolientes que buscan y esperan tener una atmósfera de paz.

Considere el nivel de energía de su entorno de ventas. La clientela lo capta, y puede ayudar a conectarse con ella o alejarla.

## El humor puede disipar situaciones estresantes.

Dependiendo del entorno empresarial, un poco de humor también puede ayudar a un cliente a sentirse mejor con respecto a una experiencia negativa. Entrevisté a una mujer llamada Courtney, que trabaja en el departamento de servicio de una concesionaria y rutinariamente atiende a clientes que han tenido accidentes de tráfico causados por ellos. Cuando conoce a los clientes, por lo general están «devastados y avergonzados», dice Courtney. «Les digo: "Bienvenido al club. No es usted la primera persona a quien le sucedió esto". O utilizo un poco de humor: "¡La acera le atacó!". Les hago reír, los tranquilizo, les digo que eso le sucede al mejor de nosotros. Intento disminuir un poco la tensión».

## Identificar «influyentes ausentes».

A veces, la persona más importante en una venta no es el cliente que tiene usted delante; es la persona en quien está pensando su cliente. Por ejemplo, entrevisté a una mujer que estaba en el mercado buscando una cama nueva para su cuarto de invitados. Aunque la cama se usaría unas pocas veces al año, ella estaba dispuesta a pagar por un producto de calidad que cumpliera con los criterios de su visitante más frecuente: su madre. Como esta vivía en otro estado, no acompañó a esta mujer en sus idas y venidas para comprar la cama. Su madre era un «influyente ausente» en la venta. Este escenario es bastante común, especialmente con las mujeres, ya que ellas compran para muchas otras personas. Es tarea de usted descubrir quiénes son esos influyentes ausentes, para así poder abordar cualquier preocupación que su clientela pueda tener y aumentar sus probabilidades de hacer la venta.

## Utilizar estrategias de cortesía.

Las buenas maneras son un aspecto principal de la cultura femenina, y es algo que las mujeres valoran en las interacciones de ventas. Las mujeres notan con frecuencia cuando *no* oyen cortesía por parte de los vendedores profesionales. Puede encontrar una audiencia más receptiva cuando aumenta su cortesía verbal, por ejemplo, haciendo preguntas como: «¿Me permite?» en lugar de: «¿Puedo?».

## En la comunicación con los clientes, preguntar; no suponer.

Una vez tuve una lección introductoria con un nuevo entrenador de tenis, y como parte de mi proceso de matriculación tuve que incluir mi número de teléfono en un impreso; *no es gran cosa*, pensé. Tras mi primera lección, y antes de haber decidido comprometerme a tener más, el instructor me enviaba mensajes de texto frecuentemente sobre todo tipo de cosas no relacionadas con sus programas. Esos textos me resultaban molestos, porque aunque yo le había dado mi número de teléfono, él nunca me había pedido permiso para mandarme mensajes de texto y no se identificaba en sus mensajes, por lo que me dejaba pensando quién había mandado los primeros mensajes.

Cuando haga un seguimiento a clientes, asegúrese de preguntarles cuál es su método de comunicación preferido. Todos somos diferentes: a algunas personas les encanta el correo electrónico, a otras les siguen gustando las llamadas telefónicas, y hay otras que solo quieren recibir mensajes de texto. Incluya siempre su nombre en los textos, hasta que sepa que ha sido añadido a la lista de contactos de alguien. Hay muchas regulaciones que gobiernan la mercadotecnia con mensajes de texto. Asegúrese de ser consciente de las que son más relevantes para usted.

## Enfocar el «ser amigo» con cautela.

Por mucho que quizá le guste conocer a un nuevo cliente y sentir que se llevan muy bien, piénselo dos veces antes de ser amigo de alguien en sus cuentas de redes sociales *personales* si es un cliente nuevo o potencial y usted no lo conoce bien. Con frecuencia es mejor ceñirse a sus cuentas profesionales para mantener el contacto, al menos hasta que considere que son verdaderamente amigos. Hay algunas razones importantes para hacer esto. En primer lugar, querrá evitar situar a su cliente en una posición incómoda; por ejemplo, quizá ella no quiera «ser su amiga» en Facebook y quizá considere la petición presuntuosa, en el mejor de los casos, o poco profesional en el peor. Entonces, incluso si la persona acepta la petición de amistad, está la probabilidad de que pudiera formarse una opinión distinta de usted basándose en su historial personal de publicaciones. Por lo tanto, a menos que haya entablado una verdadera amistad con un cliente, enfoque las relaciones en redes sociales personales con cautela. En vez de eso, utilice o cree cuentas profesionales separadas exclusivamente para su negocio, y puede invitar a su clientela a seguirlas. También puede mantener sus conexiones en redes profesionales como LinkedIn, que están diseñadas expresamente para ese propósito.

## No minar la credibilidad diciendo términos como «Prometo» demasiado pronto.

Una vez entré en una tienda en la que el vendedor me saludó diciendo: «Tenemos opciones de financiación, pero le prometo no hablar de dinero hasta estar seguro de que usted está contenta con su selección». Esa conversación me resultó demasiado prematura y un poco incómoda. Frases como: «Prometo no hablar de dinero», «Prometo no venderle algo que usted no quiera» o «Prometo no cobrarle de más» pueden minar su credibilidad, su estrategia de precios y la confianza de la clientela.

## Preguntar a los clientes qué aborrecen.

Si trabaja usted en una industria que ofrece un número asombroso de productos, como decoración del hogar o accesorios de moda, puede ser más fácil elegir las opciones preguntando a sus clientes qué estilos y colores aborrecen en lugar de preguntarles qué les gusta. Es una manera inesperada y vigorizante para que los clientes se conecten con usted y comience el proceso de eliminación. Esta estrategia también le sitúa a usted automáticamente del lado del cliente, ya que le proporciona confirmación para sus elecciones. Esta estrategia puede funcionar en casi todo tipo de entorno. Por ejemplo, si está en las ventas entre empresas, preguntar a su posible cliente qué no le gustó de su último proveedor de servicios puede ser revelador. También podría posicionarlo a usted como un héroe porque, oiga, al menos usted no es *esas* personas.

## No chismear sobre otros clientes.

Esto es tan solo un recordatorio: no sea tentado a hacerlo. Solo le refleja mal a usted, no a ellas. Si lo hace, sus clientes se preguntarán lo que usted dice de ellas cuando no pueden oírlo.

## Manejar a varios clientes con delicadeza.

La incapacidad de manejar bien a varios clientes es un problema común en el comercio minorista y también en ambientes ajetreados en oficinas: en cualquier lugar donde haya bajas proporciones de personal para la clientela. ¿Cuántas veces ha estado delante de un recepcionista o de un vendedor que le ignoró mientras usted esperaba pacientemente a que atendiera a otra persona sin que levantara ni una vez la mirada para reconocer su existencia? Este tipo de conducta enerva a los clientes (me estoy enojando solo con pensarlo). La mayoría de las veces, las personas tendrán paciencia mientras sean brevemente reconocidas con contacto visual y una señal con el dedo que sugiere que la persona les atenderá en breve, o un susurro que diga: «Estaré con usted en un momento». El reconocimiento básico es la sencilla solución.

## Ser amable y amigable con los acompañantes.

Quizá su cliente esté comprando en compañía de otras personas, como niños, a quienes no les entusiasma estar en el lugar de su empresa. Hágale la vida más fácil dando la bienvenida y adaptándose a sus acompañantes, para que así ella pueda completar su misión. Aunque esta meta puede alcanzarse de muchas maneras creativas, una solución sencilla es poner sillas en su entorno de ventas o comercio minorista.[3] Ya que los teléfonos inteligentes han erradicado el aburrimiento tal como lo conocemos, a veces lo único que necesita la gente es un lugar donde sentarse y utilizar sus dispositivos. Esto es hacer negocios con inteligencia: pocas cosas pueden detener con más rapidez las compras de una mujer que compañeros aburridos o enojados.

## Recordar: la ropa no hace al cliente.

Muchas mujeres me dicen que se sienten catalogadas según como vayan vestidas cuando interactúan con vendedores, y no de manera positiva. Hay una famosa escena en la película de 1990 *Mujer bonita*, protagonizada por Julia Roberts y Richard Gere, en la que unas vendedoras de una boutique, en Rodeo Drive, en Beverly Hills se niegan a ayudar al personaje de Julia Roberts debido al modo en que va vestida (creen que luce «barata»). No se dan cuenta de que ella tiene muchísimo dinero. Al final, su personaje se gasta mucho dinero en otras tiendas y después regresa al lugar donde las vendedoras la ignoraron. «¿Me recuerdan?», pregunta. «Ayer estuve aquí. ¿No quisieron atenderme?». Y levantando sus grandes bolsas de compras, dice: «Gran error. Muy grande. ¡Inmenso!».[4] Dado que vivimos en una sociedad extravagantemente casual, donde unas mallas negras de yoga pueden combinarse con una chaqueta y clasificarse como vestimenta formal (yo misma lo he hecho), es una subestimación decir que juzgar a su clientela femenina según lo que visten puede dar como resultado oportunidades perdidas. Como se dice en la película: Gran error. Muy grande. Inmenso. En una ocasión entrevisté a una mujer que tenía la sensación de que le catalogaban negativamente a causa de su ropa. Dijo: «Quería gritar: "¡Tengo dos maestrías!"».

## Usar la estrategia bumerán para evitar DIP (demasiada información personal).

Cuando encuentre puntos de conexión estupendos con los clientes, es importante evitar aventurarse a hablar demasiado sobre sus propias experiencias en lugar de las de su clientela. La realidad es que, a menos que ya sean amigos, a los clientes por lo general no les interesarán sus experiencias personales a menos que sean relevantes para el producto o servicio que usted está vendiendo. Más de una venta ha muerto a causa de un vendedor que comparte DIP. La conciencia de uno mismo es crítica aquí. Yo he estado en el extremo receptor de vendedores que comparten experiencias que varían desde problemas digestivos hasta dolores de los juanetes, integrando ocasionalmente el: *deje que le enseñe mi cicatriz*. Esas personas eran perfectos desconocidos.

Sin duda, eso no es referente a usted. Pero es fácil aventurarse a contar historias personales incluso con temas benignos. La estrategia inteligente es decir lo suficiente de usted mismo para establecer algo en común con el cliente, o hacer hincapié en la razón por la que usted es la persona más entendida con la que ella puede trabajar, *y después no quedarse en eso*. Yo recomiendo lo que denomino «estrategia bumerán». Es una técnica en la cual se reconoce lo que tienen en común su cliente y usted y después lanza la conversación de nuevo al cliente para que ella pueda seguir relatando su historia. Así es como funciona:

**Cliente:** Acabo de regresar de Disney World.

**Vendedor profesional:** ¡Está bromeando! ¡Yo fui a Disney World hace unos meses! ¿No le pareció fantástico? A mí me encantó. ¿Cuál fue su atracción favorita?

**Cliente:** A mis hijos les gustó mucho la Montaña Espacial. De hecho, la fila era muy larga pero entonces vimos...

En este punto, la conversación ha sido lanzada con seguridad de nuevo al cliente. Recuerde esta estrategia durante el curso de las conversaciones con la clientela, y siga lanzando ese bumerán. Se le considerará un estupendo conversador.

Una excepción importante de esta regla es cuando usted tiene experiencia personal con el producto o servicio en el que ella está interesada. En esas situaciones, comparta sus experiencias y su perspectiva personal. Es una manera muy buena de establecer una conexión.

## Aproveche la venta en equipo para las situaciones incómodas.

Aunque no sea culpa nuestra, con frecuencia podemos encontrarnos trabajando con un cliente con quien sencillamente no nos conectamos. En ese tipo de situaciones, no dude en incorporar a un compañero de equipo para ayudarle a trabajar con el cliente y hacer que la experiencia sea mejor para todos.

## Evitar el «fuego amigo».

No hable mal de sus compañeros de trabajo, su gerente o su empleo. Desde la perspectiva de la clientela, eso le hace quedar mal a usted y puede minar su credibilidad.

## MEJORES PRÁCTICAS

### Innovative Office Solutions
*Cómo crear una conexión emocional en un negocio mercantilizado*

Vender sujetapapeles y también estrategias de negocio de alto nivel a la misma clientela es un triunfo de la conexión con el cliente. Todo eso está en un día de trabajo para Jennifer Smith, directora general de Innovative Office Solutions, la mayor distribuidora independiente de productos para negocios en el país, cuyas dueñas son mujeres. Con oficinas centrales en Minnesota, esta empresa de ciento treinta millones de dólares en productos y muebles para oficinas está prosperando en un negocio mercantilizado, conocido por sus precios, que ha servido por mucho tiempo a las mujeres como compradoras y quienes toman las decisiones. El principio directriz de la empresa es «las relaciones importan», y su índice de retención de clientes está en el rango del noventa por ciento. Cómo se ha alcanzado ese índice es instructivo para cualquiera que busque profundizar sus conexiones con la clientela femenina.

Innovative vende todo tipo de productos que se necesitarían para un espacio de oficinas, desde el jabón para el baño hasta los escritorios. El negocio de productos para oficinas ha sido muy impactado por el mundo digital. «La gente utiliza menos papel, carpetas, muebles archivadores, grapadoras y tóner», dice Smith. «Hemos tenido que reinventarnos para seguir siendo relevantes». Encontrar nuevos caminos de crecimiento y ganarse la fidelidad de clientes que fácilmente podrían comprar a grandes competidores ha sido una prioridad. La empresa ha tenido éxito en implementar estrategias centradas en la conexión con la clientela. Veamos tres de ellas.

1. *Ofrecer soluciones, no solo productos*. La estrategia más funda-mental para Innovative fue ampliar las ofertas de la empresa más allá de productos transaccionales, como plumas y papel hi-giénico, hacia un territorio más participativo emocionalmente, como asesoría sobre cultura empresarial y diseño de espacios de trabajo. «Nuestra industria está totalmente mercantilizada, y sabíamos que teníamos que llevarlo al siguiente nivel ofreciendo soluciones y no solo productos», dice Smith. Innovative añadió muebles de oficina, diseño de interiores y capacidades de marca corporativa, lo cual abrió la puerta para que su equipo de ventas

hablara con la clientela sobre temas como cultura corporativa y reclutamiento de talento. Cuando las conversaciones se ampliaron, también lo hizo la clientela. Innovative pasó de vender principalmente a personal administrativo a hacerlo a ejecutivos de primer nivel, porque el ambiente y la cultura de la oficina de una empresa son aspectos importantes en la guerra por el talento. «Cuando ayudas a una empresa a dar vida a su cultura corporativa, eso lleva la relación con el cliente a un nivel distinto», dice Smith. La capacidad de Innovative de ayudar a la clientela con la estrategia de cultura corporativa es notable cuando consideramos que la firma también vende papel higiénico a esa misma clientela.

2. *Crear equipos de manejo de las relaciones.* «El punto débil número uno para los clientes en nuestra industria es llamar al servicio de atención al cliente y hablar con alguien que no los conoce», dice Smith, «y después hablar con una persona diferente para cada grupo de productos que compran». Para solucionar este punto débil, Innovative creó equipos de manejo de las relaciones, llamados estudios, que están dedicados a cada cliente y proporcionan ayuda por categorías de productos. «Esto no solo hace que las cosas sean más fáciles para nuestros clientes; nos permite vender sobre la base de simplificar su cadena de suministro y reducir sus costos indirectos, porque pueden pasar de tener siete proveedores diferentes a tener solo uno».

3. *Empoderar a los empleados para resolver problemas de los clientes.* Una tercera estrategia fue implementar un programa que capacita a cada persona en la empresa para arreglar en el momento el problema de un cliente, llamado «Corríjalo». «Ya sea un conduc-

tor o un contador, si un cliente no está contento, cada empleado está empoderado para resolver de inmediato una situación y
corregirla, sin querer tener la aprobación de otra persona». La
empresa realiza eventos internos mensuales en los cuales todo
aquel que ha tenido un momento «Corríjalo» comparte su historia para ayudar a sus colegas a prevenir futuros errores. «Al
principio, nadie quería admitir que había hecho algo erróneo»,
dice Smith. «Nos tomó mucho tiempo crear una cultura en la
cual las personas vean la experiencia con unos lentes diferentes,
en términos de apropiarse de la relación con el cliente, hacer
lo que sea necesario para corregir las cosas, y después seguir la
cadena de favores hablando de ello delante de sus colegas. Es ahí
donde entra en escena nuestra cultura corporativa. Si todo tu
equipo está en la misma línea y sabe cuál es su propósito y cómo
aporta, los clientes pueden sentirlo y piensan: *Quiero trabajar
con esta empresa*».

El éxito de Innovative muestra el poder de mantener un enfoque láser sobre la conexión con el cliente. Smith cree que la fuerte relación que tiene la empresa con el cliente los sostendrá en
futuras alteraciones. «Ahora, incluso los muebles de oficina están
mercantilizados, de modo que todo regresa a tener relaciones estupendas con los clientes de modo que ellos confíen en ti y quieran
comprarte cualquier cosa que les presentes».

## PUNTOS CLAVE

- No hay fin para la creatividad que puede utilizar para profundizar sus conexiones con su clientela. El Dr. Stiffle usa rock 'n' roll, educación del paciente y una atmósfera informal, que son reflejos de su personalidad y sus intereses. Innovative Office Solutions amplió sus ofertas de productos con soluciones emocionalmente participativas como una estrategia de cultura corporativa.
- Conectar con mujeres compradoras a nivel interpersonal significa encontrar un terreno común, evitar estereotipos desfasados, y demostrar que estamos escuchando activamente mediante palabras y contacto visual.
- Para las mujeres, las pequeñas cosas son las grandes cosas; cuando los pequeños detalles están en su lugar, como deletrear bien el nombre de la persona, eso da a la clientela femenina la confianza de que puede confiarnos las cosas grandes, como su dinero. Estos detalles sirven como indicadores de credibilidad.

## ACTIVE SUS IDEAS

- Imagine que alguien se sintió tan fuertemente conectada con su empresa que quería hacerse un tatuaje de su logo. (Siga conmigo, ¡es una lluvia de ideas! Y no olvide que las personas ya han hecho eso con marcas como Harley-Davidson y Nike). ¿Qué tipo de cosas podría hacer para generar ese tipo de fidelidad y conexión? Cree una lista de ideas y escoja las dos más importantes para ejecutarlas.

- ¿Cuáles son las tres maneras principales en que conecta con su clientela actualmente? ¿Cómo puede extender esos esfuerzos para crear conexiones más profundas aún?

# CAPÍTULO 5

# MOTIVADOR 2: INSPIRADAS

*Cómo inspirar a su clientela femenina
a que haga negocios con usted*

Las personas le dirán que no les gusta ser «vendidas», pero lo cierto es que nos encanta comprar personas que nos inspiran con la pasión y el conocimiento de sus productos. En esos momentos, no tenemos la sensación de estar siendo vendidos; sentimos que hemos recibido ayuda, y que nuestra vida está mejorando de alguna manera mediante la experiencia. La inspiración puede producirse de las maneras más inesperadas, en los negocios más improbables: incluso en el control de roedores. Sí, control de roedores. Déjeme decirle que si alguien que se gana la vida aniquilando ratones puede proporcionar una experiencia inspiradora al cliente, cualquiera puede hacerlo. Yo he sido testigo de ello, y así es como sucedió.

Había cinco casas en construcción en mi cuadra en la ciudad de Chicago. Un día, nuestro boletín del barrio envió una alerta diciendo que, debido a toda la construcción, una plaga no deseada (del tipo que tiene ojos pequeños y brillantes y cola) corría a rienda suelta por el barrio. Me sentí impulsada a llamar a una empresa de control de plagas para proteger nuestro hogar de la invasión. Nunca antes había solicitado ese tipo de servicio, y escogí la empresa basándome solamente en sus reseñas en la Internet.

La mañana de mi cita sonó el timbre de la puerta, y la abrí para ver a un hombre alto que presentaba una barba poblada, lentes de sol de espejo, y unos tatuajes impresionantes. Se presentó y me entregó su tarjeta de presentación. Entonces me pidió permiso para entrar en mi casa, lo cual me resultó algo extremadamente cortés. Sentados en la sala, me preguntó qué me había impulsado a llamar a la empresa y escuchó callado, sin interrumpirme, mientras yo le explicaba la situación. Entonces me preguntó qué sabía yo sobre roedores. Mi respuesta fue: «Cero». Asintió y me preguntó si me gustaría saber un poco más sobre ratas y ratones en un hábitat urbano y lo que él podía hacer para evitar que pusieran sus patas en mi casa. Yo estaba intrigada y dije que sí. Entonces me dio una breve clase maestra sobre vida y muerte de los roedores, de lo cual yo no había escuchado nunca.

Le ahorraré los fascinantes detalles, pero lo que más me sorprendió fue cómo hablaba sobre la solución de su empresa. Comenzó diciendo: «Esto es lo diferente del modo en que nosotros enfocamos el problema y como lo hace nuestra competencia», y pasó a expresar lo que él veía como su proceso superior de exterminio. Yo estaba fascinada. Estaba claro que él estaba orgulloso de su trabajo. Nunca en mi vida había conocido a alguien tan apasionado o tan entendido con el control de roedores.

Todos sabemos que esta es una industria fácil de ridiculizar; sin embargo, este hombre no se burló de su trabajo. No hizo comentarios sarcásticos sobre la vida en el negocio del control de roedores. Dio la información con la seriedad de un hombre con una misión, y esa misión era proteger mi casa. Presentar su oferta como «protección del hogar» y no solo como «control de plagas» aumentó mi compromiso emocional. Antes de nuestra reunión, yo solo estaba abierta a la solución más mínima; al final de nuestra conversación, compré todo lo que él vendía. Y me alegra decir que, mientras escribo estas palabras, los únicos mamíferos que viven en mi casa son los que han de estar en ella.

A la mayoría de nosotros nos resultaría difícil pensar en un servicio menos atractivo para vender, o para comprar, que el control de plagas. Y sin embargo, tuve una experiencia estupenda, e incluso inspiradora, con esta empresa. Cuando el vendedor se fue de mi casa, yo me sentí más inteligente que cuando me desperté esa mañana; aprendí sobre un tema del que antes no sabía nada; encontré una solución a un problema potencial; descubrí un proveedor de servicios en el que sentía que podía confiar; y, por consiguiente, me sentí muy bien con respecto al dinero que iba a gastar y con quién lo iba a gastar. Mi experiencia ofrece un ejemplo estupendo de que el hecho es que, en las ventas, el entusiasmo es contagioso. Cuando nos apasiona lo que hacemos, las personas responden sin importar lo que estemos vendiendo.

Cuando las mujeres tienen una experiencia estupenda con un profesional de ventas, casi siempre me lo describen del siguiente modo: «Esa persona no intentaba venderme nada; intentaba *ayudarme*». Así es como se siente una experiencia de venta que inspira: es tan útil, que eleva al cliente a un nivel de satisfacción que nunca esperaba.

## CÓMO DOMINAR LOS PUNTOS FUNDAMENTALES DE LA INSPIRACIÓN

Aquí tenemos un modo fácil de pensar en la inspiración: ¿qué podemos decir o hacer para que nuestra clientela pronuncie la palabra ¡vaya!? Hablaremos de algunas ideas para comenzar, incluyendo las mejores prácticas de empresas tan disparatadas como un minorista de bicicletas en California y un fabricante global de plomería y grifería, pero antes abordemos algunos de los puntos básicos para inspirar a nuestra clientela femenina.

## No solo vender; educar.

Haga que su meta sea que su clientela se sienta más esclarecida solamente por hacer negocios con usted. Muéstreles que usted está comprometido con que ellas conozcan, y eso tendrá un impacto. Cuando sea apropiado, enseñe a su clientela sobre su industria y categoría y no solo sobre su producto, como hizo mi experto en control de plagas, y como hace el dentista Dr. Stiffle. Recuerde que sin importar qué producto o servicio represente, usted realmente vende una sola cosa, y es ayuda.[1]

## Conocer la historia, misión y valores de la empresa.

Si alguien nunca antes ha hecho negocios con su empresa, ayude a crear una conexión emocional describiendo la historia, misión y valores de su empresa, y su punto de vista único. Usted ya sabe que la clientela quiere sentirse bien con respecto a las personas y las empresas a quienes compran, y esto es particularmente cierto de las mujeres, y también de los clientes más jóvenes de ambos sexos.

## Seleccionar opciones hablando de lo que es popular o un superventas.

Está en la naturaleza humana interesarnos en lo que compran otras personas, lo cual es solo una razón por la cual los negocios de comercio electrónico casi siempre presentan «superventas» como una categoría. Hablar de lo que es popular entre otros clientes es una técnica de anclaje estupenda que ayuda a la clientela a dirigir su atención a un número enfocado de opciones. También proporciona seguridad, porque hay seguridad en las cifras. Sin importar cómo lo haga, encuentre un modo de mostrar lo que es popular y un superventas antes de que su cliente tenga que preguntar.

## Señalar atributos invisibles del producto para destacar su valor.

Es posible que su clientela no pueda ver físicamente cada atributo valioso que está integrado en su producto o servicio. Piense en materiales invisibles en productos de consumo, como el protector para textiles Scotchgard, las lentes polarizadas o materiales impermeables, por nombrar solo algunos. No suponga que su clienta ya conoce sobre esos atributos; destáquelos para recalcar el valor que ella obtendrá por ese precio. Y cuando lo haga, enfóquese en los detalles de los que vale la pena hablar y que las personas querrán compartir con otros. Imagine a un constructor de casas diciendo: «Los techos en esta casa son un metro más altos que los que verá con otros constructores, y eso es lo que hace que el espacio se sienta más amplio». Es fácil imaginar a un cliente repitiendo exactamente esas palabras mientras le enseña su nueva casa a una amiga.

## Involucrar los sentidos; las mujeres compran con todos ellos.

Las mujeres están muy sintonizadas con el detalle y el entorno, desde el aroma, las luces, la música, hasta la naturaleza táctil de tocar y examinar productos. Con frecuencia escucho a mujeres identificar tiendas como Anthropologie, Trader Joe's e Ikea como lugares favoritos donde comprar debido a la elevada participación sensorial en esas tiendas. Mi supermercado local, Mariano's, presenta a un pianista tocando un piano de cola en directo cerca de la línea de cajas los fines de semana, lo cual crea una atmósfera muy agradable para todas las personas que esperan en las largas filas.[2] Al evaluar su negocio, determine cuántos sentidos están involucrados dentro de sus cuatro paredes. ¿Puede añadir aunque sea uno más?

### Hacer demostraciones prácticas.

No querrá que sus clientas sean observadoras pasivas en el proceso de venta. Siempre que sea apropiado, invítelas a tocar y sentir los productos que usted vende. Las demostraciones prácticas también son eficaces para las conversaciones sobre materiales y cualidades invisibles del producto, por ejemplo: «Sienta el peso de esta madera» o «Sienta la ligereza en estos marcos de titanio». ¿Hay un modo natural en que utilice la técnica de las demostraciones prácticas en su trabajo?

### Crear nombres inspiradores para los productos.

Los nombres inteligentes añaden interés y personalidad incluso a los productos y servicios más básicos. Las marcas de lacas de uñas hace mucho tiempo atrás que dominaron este aspecto, por ejemplo: «En realidad no soy camarera», de la empresa OPI, y «Zapatillas de ballet» de Essie, son legendarios. Si sus productos no tienen nombres inspiradores, póngaselos. Mire la industria de la ropa para encontrar buenos ejemplos. El exminorista indie ModCloth, cuyo dueño es ahora Walmart, tiene la costumbre de poner a sus productos nombres llamativos como «Línea A de ropa "paseo en bicicleta por Bruselas"», «Top Estrella del Seminario» y «Bañador Crucero por el pontón». La cofundadora de la empresa, Susan Koger, me dijo una vez en una entrevista: «Vemos la ropa como contenido y no solo como producto».[2] Esta estrategia puede aplicarse a cualquier tipo de negocio. Cuando se hace bien, los nombres de los productos desatan la imaginación y nos permiten contar una historia. ¿Cómo puede aprovechar esta estrategia para inspirar a su propia clientela femenina?

## Crear experiencias que fomenten la participación emocional.

Las tiendas Nike y North Face ofrecen actividades como clubes de carreras y sesiones de ejercicios; lululemon y Athleta brindan clases de fitness en tienda; Home Depot imparte talleres de bricolaje para niños y adultos. ¿Qué actividades puede añadir para complementar los productos y servicios que usted vende? Para avivar su propia inspiración, mire fuera de su industria y haga viajes de campo a otros negocios que por costumbre ofrezcan experiencias, como Eataly y American Girl. Si está en el campo de las ventas con otros negocios, ¿qué seminarios o experiencias puede crear?

## Contar historias de clientes contentos.

Contar historias sobre clientes contentos añade a las conversaciones credibilidad por parte de una tercera parte y, con frecuencia, una ráfaga eficaz de inspiración. A la gente le encanta oír lo que ha funcionado para otros, como: «Tenemos varias clientas que convirtieron su cuarto de invitados en una oficina con estos muebles. Una de ellas nos dijo que le gusta tanto, que comenzó un nuevo negocio trabajando desde su casa». Reúna las mejores historias de sus clientes y téngalas a mano para utilizarlas en las conversaciones con su clientela. Son tan importantes, que podrían ser lo que sus clientes recuerden más de las conversaciones con usted. Estas historias le proporcionan también una valiosa oportunidad para demostrar cómo su conocimiento marcó la diferencia para alguien.

## Fomentar las reseñas.

Aliente a sus clientes a que escriban reseñas. Esta puede parecer una estrategia obvia, pero he conocido a muchos profesionales de ventas que se cohíben con respecto a pedirles eso. Es comprensible, pero para bien o para mal, vivimos en una época en la que las reseñas, comentarios y testimonios de los clientes son cruciales para atraer a nuevos clientes. Muchas personas incluyen con sus peticiones hipervínculos a páginas de reseñas, para que sea más fácil para su clientela. Presente en lugar destacado las mejores reseñas en su página web y materiales de mercadotecnia, siempre que tenga el permiso de sus clientes para hacerlo. Si está en LinkedIn, puede pedir a las clientas que escriban recomendaciones directamente en su página de perfil. No hay fin en la variedad de maneras en que las empresas actualmente piden y reúnen reseñas y comentarios. En mi peluquería local, por ejemplo, se alienta a las clientas a que escriban una reseña de su corte de cabello mientras aún están en el salón, y cuando lo hacen, reciben un descuento en el corte. Solo asegúrese de desarrollar una política de reseñas que esté en consonancia con los requisitos legales del estado, el país y el sitio web.

## Demostrar cómo su empresa hace del mundo un lugar mejor.

La gente quiere que sus compras tengan significado, y esto es especialmente cierto de las mujeres compradoras. Si aún no ha desarrollado este tema, comience haciéndose esta pregunta: «Cuando mi cliente compra en mi negocio, ¿qué dice eso de ella?». Piense en el atractivo de TOMS, la empresa que creó la «Prueba A» de las grandes e inspiradoras ideas de negocio.[3] TOMS dona un par de zapatos a un niño necesitado por cada par que compra un cliente, y tiene un programa parecido para su línea de lentes, su línea de cafés (dona agua) y su línea de bolsos (dona kits para recién nacidos y fondos para asistentes de partos). Target ofrece un ejemplo diferente con su largo historial de colaboración con importantes diseñadores de moda para ofrecer ropa y accesorios exclusivos y a la vez asequibles. Muchos minoristas independientes muestran carteles que alientan a la clientela con frases como: «Apoye las empresas de su barrio», y enfatizan el papel que ellas desempeñan para mantener el dinamismo en su comunidad. Lo que usted ofrece, ¿cómo hace del mundo un lugar mejor de algún modo pequeño (o grande)? Si está haciendo cosas estupendas, hágalo saber a la gente; no dé por hecho que todos lo saben. Podría inclinar la balanza con respecto a si alguien decide comprar en su empresa o en otra.

## Pensar visualmente e invertir en diseño.

El buen diseño es inspirador y se ha convertido en un factor de toma de decisiones para las mujeres en categorías que están muy lejos de la moda y la ropa. Se ve en los productos más pequeños, como latas de agua LaCroix, y llega hasta los más grandes, como los autos Tesla. Mi caja de Kleenex parece algo sacado de *Architectural Digest*. Mi grapadora naranja Poppin es sin duda chic.[4]

Desde luego, el diseño no se trata solamente del aspecto de algo; también se trata de lo bien que funciona algo. Por eso las empresas de servicios no se libran cuando se trata de diseño. Ya sea en su página web, la ubicación de su tienda, su experiencia en atención al cliente o su app, las personas esperan que la interfaz para el cliente sea intuitiva e incluso elegante. Llamémoslo el efecto Apple o el efecto Target; lo fundamental es que el diseño ya no puede considerarse como algo distinto de las funciones de mercadotecnia y ventas. Están unidos. Las experiencias y los productos bien diseñados pueden ayudarle a pedir mayores precios de venta. ¿Cómo puede elevar el diseño dentro de su propio producto o servicio?[5]

## Ofrecer soluciones completas.

El estilo de compra holístico de las mujeres es una oportunidad para que usted empaquete productos que van unidos. Digamos que usted trabaja en una tienda y conoce a un cliente que busca una lámpara nueva para su salón. Mientras piensa en comprarla, quizá también recuerde cómo esa lámpara cambiará el aspecto completo del salón. Comienza a pensar que tal vez necesite una alfombra nueva, un sillón nuevo, o incluso pintar la habitación para completar una buena presentación. Esto es pensamiento panorámico general en acción. En su propio negocio, piense en maneras en que puede empaquetar y poner precio a productos que de modo natural van juntos. No deje que siempre sean sus clientes quienes reúnan las cosas que van a adquirir. Incluso si no quieren comprar un paquete que usted ofrece, solo la idea de tenerlo en conjunto puede inspirarlas a unir sus propios artículos. Llevándolo un paso más lejos, ¿es posible que los clientes reúnan una colección de lo que usted vende?

### Enfoque en los beneficios para la vida real.

Las especificaciones del producto y la jerga de la industria pueden asfixiar una conversación sobre compras. Si trabaja en una industria que está llena de jerga, establezca como un reto personal minimizar la jerga y mencionar al menos un beneficio para la vida real por cada característica que usted mencione. También puede crear analogías útiles como descripciones. Por ejemplo, en la industria de los lentes, los lentes polarizados requieren un extra en el precio, pero no todo el mundo sabe lo que significa «polarizados». Una analogía estupenda que he oído a los vendedores profesionales en la industria es que los lentes polarizados «son como protector solar para sus ojos». ¿Qué analogías puede pensar para sus propios productos?

### Hacer hincapié en cómo las vidas de sus clientes se beneficiarán y reaccionarán positivamente al producto escogido.

Los seres humanos estamos constituidos para evitar el rechazo social. Cuando haya utilizado preguntas de descubrimiento para identificar los influyentes ausentes de sus clientes (las personas que no están presentes pero son fundamentales para la venta), asegúrese de hacer hincapié en cómo se beneficiarán también ellos de lo que usted vende.

## Contar la historia del producto.

Es probable que algunos de sus productos y servicios tengan historias interesantes. Quizá su empresa creó un nuevo producto basándose en la retroalimentación de la clientela; tal vez su diseñador construyó algo inspirado por una subida al Monte Everest; puede que usted sea la única empresa en el país con una exclusiva de un material en particular. Haga saber a su clientela la historia que hay detrás de sus productos, servicios y diseños, ya que le proporciona un material estupendo con el cual integrar a los clientes en la conversación. Mire a IKEA para obtener inspiración: la empresa exhibe por costumbre fotografías e historias de los diseñadores de sus productos dentro de las tiendas de la empresa.

## Elevar lo común; pensar en los carteles.

El modo en que usted comercializa su espacio puede dar más valor a lo que vende. Por eso muchas personas preparan las casas con muebles estupendos y arte antes de ponerlas a la venta; esperan que eso ayudará a darle un precio más elevado a la casa. Si piensa en su entorno de venta como un escenario, considere que sus carteles y su decoración son su elenco de apoyo.

Desde un punto de vista minorista, los carteles son a menudo una oportunidad perdida para vender y crear una marca. Es cierto que hay carteles por todas partes, pero principalmente son direccionales o informativos. Una vez vi un ejemplo estupendo de carteles inspiradores en Lowe's, una cadena de tiendas para el hogar en grandes superficies, y dejó en mí una fuerte impresión. Iba caminando por un pasillo que presentaba algunos productos de poco interés (para mí), como cestas llenas de pomos sueltos para gabinetes. Al pasar al lado de los pomos, levanté la vista y vi un cartel que los promocionaba, que decía: «Soluciones para gabinetes y despensas: convierta el caos en calma». Me hizo detener. El cartel comunicaba un beneficio emocional para todos esos pomos funcionales para gabinetes.

Entonces seguí por el pasillo y encontré conjuntos de escurreplatos de plástico que estaban a la venta. *Cosas aburridas*, pensé, hasta que miré hacia arriba y vi otro cartel. Decía: «Soluciones para encimeras y fregaderos: convierta lo aburrido en hermoso». Consideré el mensaje y pensé: *Sí, si la cocina está limpia y reluciente, supongo que realmente es un objeto hermoso.*

Al final, giré por una esquina y vi exposiciones de los productos más aburridos que se pueda imaginar: separadores plásticos de cubertería que viven dentro de los cajones de la cocina y finalmente se llenan de migas. Levanté la mirada, y el cartel decía: «Soluciones para cajones: Convierta lo disperso en orden». Era otro mensaje emocionalmente participativo. Quedé impresionada: Lowe's había elevado productos comunes a un lugar de inspiración. Si Lowe's puede hacerlo con pomos para gabinetes y separadores plásticos para cubertería, imagine lo que usted puede hacer con sus propios productos.

## Evaluar sus materiales comunicacionales.

Ya que hablamos de carteles, ahora podría ser un buen momento para hacer inventario de sus imágenes gráficas para determinar si son inspiradoras, inclusivas y relevantes para la mujer moderna. Utilice estos consejos como su guía sobre errores a evitar:[6]

*Error 1: Jugar demasiado con estereotipos femeninos.* Hablando en general, no utilice una capa fuerte de color rosa para vender a mujeres a menos que esté en el negocio de la moda y la belleza, o esté recaudando fondos para causas contra el cáncer de mama. Hay excepciones, sin duda, pero en las industrias neutras en cuanto al género, un uso excesivo del rosado, y exclusivamente el rosado pálido, puede entenderse como un cliché cuando se dirige a las mujeres. Idealmente, si se utiliza el color rosado debería hacerse como un color entre muchos. Enfoque con cautela otras imágenes estereotípicas para las mujeres, como tacones altos, bolsos y marcas de labiales, a menos que venda esos productos.

*Error 2: Utilizar lenguaje desfasado.* La palabra *mujeres* suena más moderna que *señoras*, especialmente si está en un negocio que es nuevo en acercarse a la mujer. Tenga en mente que el lenguaje cambia con el tiempo: por ejemplo, la palabra *azafata* ha evolucionado a *asistente de vuelo*. Tenga como prioridad mantenerse al día. Evite también el uso de la palabra *féminas* para referirse a grupos de mujeres, porque el término puede resultar impersonal. Use en cambio la palabra *mujeres*.

*Error 3: Presentar a las mujeres como observadoras pasivas.* Examine en detalle las fotografías que utiliza, para asegurarse de que no están dominadas por imágenes de mujeres en poses pasivas. Los hombres se presentan como «agentes de acción» en la mercadotecnia con más frecuencia que las mujeres. Imágenes de mujeres que se limitan a mirar a otras personas que hacen cosas no están en contacto con la realidad de las vidas de las mujeres modernas. Utilice unos lentes «activos» cuando evalúe el conjunto de fotografías para páginas web y presentaciones, y compre las de mejor calidad que pueda permitirse.

*Error 4: Dejar a las mujeres totalmente fuera del cuadro.* Un error recurrente para muchas industrias, incluso en la actualidad, es dejar a las mujeres totalmente fuera de las imágenes. Recientemente, estaba yo en el lugar de renta de autos de un aeropuerto que estaba lleno de clientas en fila esperando ser atendidas, y sin embargo cada póster en el edificio mostraba a hombres, y solamente hombres, rentando autos. Examine su punto débil y asegúrese de que las mujeres están representadas en sus imágenes visuales.

## MEJORES PRÁCTICAS

## Folsom Bike

*Hacer que la inspiración se vea tan fácil como montar en bicicleta*

Si está en el negocio de vender bicicletas, querrá que todas las personas posibles monten en ellas. Sin embargo, entrar en una tienda de bicicletas puede ser una experiencia intimidante para los no iniciados. Esa es precisamente la razón por la cual Erin Gorrell y su esposo Wilson Gorrell abrieron su propio negocio minorista de bicicletas en Folsom, California. Actualmente, si está el tiempo suficiente en una de sus dos tiendas, queda claro que los Gorrell no solo venden bicicletas; venden inspiración. Y se les da muy bien: Folsom Bike es ahora el comercio minorista local más grande del norte de California, lugar loco por las bicicletas. Ver el modo en que han desarrollado su negocio ofrece valiosas lecciones sobre inspiración del cliente. Erin Gorrell nos cuenta su historia:

«Cuando redacté nuestro plan de negocio, sentí que la atención al cliente realmente faltaba en esta industria, y como mujer ciclista que visita tiendas de bicicletas por todo el país, veía cuántas veces el trato hacia las mujeres era aún peor. Por lo tanto, cuando abrí nuestra tienda, quería adoptar un enfoque de hospitalidad. Quería ser el Nordstrom de las tiendas de bicicletas. Quería ser como *Cheers*,[7] donde todo el mundo conoce tu nombre».

Para crear ese tipo de ambiente, los Gorrell incorporaron una cafetería en una de sus tiendas llamada Folsom Grind, cuyo lema es «Ponga granos molidos en su taza antes de molerse sobre su bici». Se ha convertido en el corazón de la comunidad Folsom Bike y en un lugar para conocer a otros ciclistas y amigos en potencia. «Cualquier tipo de deporte se convierte bastante en una actividad comunitaria, y el ciclismo encaja en ese ámbito», dice Gorrell. «Nuestra meta era que si alguien vivía en la zona y quería montar en bicicleta, supiera que tenía que visitarnos. La cafetería fue nuestro vehículo para hacer que eso sucediera, y ha sido muy exitosa». Gorrell dice que ella quería dar a la gente una razón no amenazadora para entrar en la tienda. «¿Qué podría ser menos intimidatorio que una taza de café? No cuesta mucho dinero. La gente se toma una cada mañana, así que le dedicamos a eso mil doscientos pies cuadrados (112 metros cuadrados) de espacio interior y un gran patio exterior».

Gorrell dice que la cafetería casi siempre está llena de clientes, grupos de ciclistas, amigos, y «civiles» que se reúnen allí antes y después de sus recorridos para estar juntos y tomar un café, una cerveza y hasta vino, y con frecuencia para hablar de sus últimos recorridos. Los Gorrell construyeron intencionalmente un entorno en el cual la gente quiere estar y charlar, tanto en la cafetería como dentro de las tiendas. Hay asientos para todos. «Tenemos taburetes de bar delante del mostrador de atención al cliente en las tiendas; tenemos sofás; tenemos sillones: queremos que nuestros clientes se relacionen con el personal y estén allí con nosotros», dice Gorrell. «Queremos llegar a conocerlos, y que ellos nos conozcan, porque eso es lo que crea clientes para toda la vida». El equipo de personal organiza constantemente grupos de diferentes edades, intereses y nivel físico para hacer recorridos, y también ofrece seminarios de formación, lleva a oradores invitados, y realiza eventos como el recorrido anual en bicicleta Women, Wine & Dirt. «Constantemente plantamos semillas de mostaza» (de inspiración), dice ella.

«Todo el enfoque de nuestro negocio es mostrarles a nuestros clientes: "Esto podría ser usted"», dice Gorrell. «Esto podría ser usted en esa montaña. Esto podría ser usted en esa carretera. Esto podría ser usted comprando una bicicleta nueva. Se trata de cómo hacemos sentir a la gente. Eso es lo que ellos recuerdan. Y queremos hacer que la gente se sienta bien».

Folsom Bike tiene también la misión de inspirar y atender a las mujeres. Los Gorrell construyeron una boutique Ride Like a Girl, una tienda dentro de otra tienda, que ofrece camisetas, botellas de agua y productos con ese eslogan grabado, que fue creado por Erin Gorrell. «La respuesta ha sido fenomenal», dice. «Las mujeres son muy agradecidas y apreciativas de no tener que salir de caza para encontrar algo que les encaje. El ciclismo ha sido un deporte predominantemente masculino. Como mujer, una no quiere que le hagan sentirse inadecuada cuando entra en una tienda; quiere sentir emoción y recibir información. Eso es lo que nosotros proporcionamos».

## Las clientas inspiradas ayudan a evitar las visitas de mironas

Para los negocios de ladrillo y cemento, dar un servicio inspirador es fundamental para disminuir las visitas solo para mirar: la práctica de visitar una tienda para ver los productos allí y después comprarlos más baratos en la Internet. Erin Gorrell conoce frecuentemente a clientes que han encontrado bicicletas más baratas en la Internet, pero sabe cómo inspirarlos y ganarse a esa clientela con un servicio personalizado.

«No se puede probar una bicicleta en la Internet», dice Gorrell. «La Internet no puede saber cuáles son sus metas. Nosotros podemos descubrirlas mediante la escucha activa. Digamos que alguien busca una bicicleta en la Internet, y quiere ir con ella cuesta abajo en el lago Tahoe. Quizá esté mirando una bici que no podrá hacer eso. Nosotros nos aseguraremos de que se monte en la bicicleta adecuada, que estén instaladas las partes correctas, y que su bicicleta funcione correctamente al cien por ciento. Y cuando hagamos que se monte en ella, la persona puede sentir cómo son los frenos, y puede echarle la pierna encima. Vamos a enviarla a un carril de bicicletas en la calle, y vamos a hacer que suba una cuesta montada en tres o cuatro bicicletas distintas, para que así pueda tomar la mejor decisión y la más fundamentada. Denos la oportunidad de igualar el precio que vio en la Internet, y nosotros le entregaremos la bicicleta. Mostramos el valor al cliente y después añadimos una capa adicional de servicios complementarios (como la entrega) para mostrar que sobrepasamos lo que puede hacer la Internet».

## Cuidado con estos asesinos de inspiración

Folsom Bike tiene una experiencia con los clientes centrada en la inspiración. Basada en mi investigación con mujeres, las experiencias inspiradoras en las ventas son la excepción y no la regla. Para proporcionar una experiencia inspiradora, asegúrese de evitar estos asesinos de inspiración:

- Mostrar falta de interés en lo que está vendiendo
- Evitar el contacto visual
- Utilizar sarcasmo o quejas cuando se refiera a su trabajo o su producto
- Desviar la atención de su cliente a usted mismo
- Parecer distraído por mirar su teléfono (si está al teléfono haciendo algo para el cliente, explíquelo)
- Producir trabajo con errores simples, como faltas de ortografía
- Llegar tarde

# Kohler Co.

*Inspiración en todo, incluido el fregadero de la cocina*

Si está renovando un cuarto de baño y comprando un lavabo nuevo, ¿qué es más inspirador de ver en las tiendas: filas de lavabos fijados en paredes, o fregaderos situados en hermosos exhibidores de baños?

Los exhibidores, está claro, pero no son siempre fáciles de encontrar en entornos minoristas, ya que ocupan un espacio muy valioso. Esto plantea un reto para marcas de plomería y grifería, porque no siempre hay espacio para exhibir el modo en que objetos como duchas, inodoros, grifos y bañeras encastradas pueden crear un ambiente en el hogar de la persona. Para vencer este reto, el fabricante global gigantesco, Kohler Co., rompió las normas de la industria de la plomería y creó su propia línea de tiendas directas al consumidor, para inspirar a los clientes a construir la casa de sus sueños con productos Kohler. La puesta en marcha de dos conceptos minoristas de la empresa, Kohler Signature Stores y Kohler Experience Centers, ofrece lecciones estupendas para cualquier negocio que busque dar vida a su marca dentro de cuatro paredes.

## Ensueño. Diseño. Compra.

Entrar a una tienda Kohler Signature es como entrar a todas las fantasías que hayamos tenido jamás sobre remodelación de nuestra casa. El espacio está lleno de hermosas estampas de baños y cocinas en todos los estilos concebibles y paletas de colores, además de elementos como armarios de madera, azulejos, iluminación moderna, y accesorios tan detallados que incluso las jaboneras parecen obras de arte.

«Remodelamos las tiendas basándonos en lo que quería el cliente, y nuestra base de clientes es en un ochenta por ciento femenina», dice Michelle Kilmer, directora de tiendas y exposiciones de Kohler. «Nuestro mensaje está enfocado en tres cosas: soñar, diseño, compra», explica. «También ofrecemos servicios profesionales de diseño y ponemos en contacto a nuestros clientes con expertos en instalaciones, porque queríamos poner el control en manos del cliente».

En los centros Kohler Experience, que son versiones ampliadas y superiores de las tiendas Signature, las exposiciones son tan sofisticadas que los clientes pueden ver y sentir el agua corriente en productos como duchas, mangueras portátiles de spray y grifos. Incluso pueden llevar un traje de baño para probar una ducha privada en una de las «salas de experiencias» parecida a un spa en una de las tiendas. Sí, ahora se puede probar una ducha, lo cual da un nuevo significado a la idea de una experiencia de sumersión en la marca.

Es probable que usted no creció visitando «plomerías» porque, históricamente, la industria es un negocio mayorista. Kohler comenzó a cambiar eso en 2005, un año en el que la economía estadounidense iba viento en popa, la televisión de alta definición se estaba haciendo popular rápidamente, y el diseño de interiores estaba pasando del grupo de *Architectural Digest* hacia el mercado masivo. De repente, la gente se sentía empoderada para crear sus propios baños y cocinas soñados.

Ahí entró Kohler, que se convirtió en el primer fabricante de plomería en lanzar una estrategia minorista directa al consumidor con su modalidad de tiendas Kohler Signature. Antes del lanzamiento de estas tiendas, los clientes tenían menos lugares donde ver el tipo de diseños de lujo para baños y cocinas que presentaban las especializadas campañas de publicidad de Kohler. Páginas web como Houzz y Pinterest no se habían inventado aún. A menos que alguien visitara una exposición de plomería o contratara a un diseñador de interiores profesional, no siempre era fácil ver productos Kohler *in situ*, y por lo tanto, el fabricante estaba perdiendo la oportunidad de inspirar a los compradores minoristas y ayudarlos a imaginar cómo los productos podían transformar sus hogares.

Al crear un canal minorista propio directo al consumidor, Kohler fue capaz de exhibir la variedad de diseños, precios de venta y planos disponibles de la empresa, todo ello por primera vez bajo un solo techo, a la vez que mantenía un elevado nivel de atención al cliente que casara con el entorno inspiracional. El servicio es importante debido a las grandes tomas de decisiones implicadas en la construcción y remodelación del hogar. Los clientes son muy conscientes de que quizá tengan que vivir durante décadas con sus decisiones, y nadie quiere cometer errores. Las tiendas Kohler Signature se convirtieron en las primeras en la industria de la plomería en ofrecer expertos en diseño profesional basándose en el precio en el comercio minorista. Como resultado, las tiendas se convirtieron para los compradores minoristas en tiendas inspiradoras a las que ir para las renovaciones de cocinas y baños.

Las tiendas tienen también un papel de venta a otras empresas. Los canales de colaboración de Kohler (plomeros, contratistas, arquitectos y diseñadores de interior) llevan a sus clientes a las tiendas para ver todas las posibilidades de Kohler para sus proyectos en un solo lugar. Cada tienda está dirigida por un distribuidor local de plomería mediante un contrato de licencia, lo cual significa que cuando los clientes compran en una tienda Kohler, están sosteniendo un negocio local a la vez que obtienen una marca global, que ofrece el atractivo de comprar localmente y la paz mental de adquirir un producto conocido.

¿Qué es lo siguiente para Kohler? La empresa tiene planes de seguir desarrollando nuevas tiendas. Ahora tiene más de treinta en las Américas y más de novecientas tiendas de marca en China. El fabricante también ha introducido servicios de diseño de baños en la Internet (virtual). «Nuestra meta es llegar al consumidor dondequiera que esté», dice Kilmer.

## IDEAS CLAVE

- Usted puede inspirar a la clientela femenina por lo que hace (su producto), cómo lo hace (su servicio), dónde lo hace (su espacio físico), por qué lo hace (su misión y valores), y quién es usted (su personalidad y estilo únicos). Kohler y Folsom Bike ofrecen atractivos ejemplos de las diversas maneras en que la inspiración puede cobrar vida.
- Su habilidad para inspirar a su clientela femenina puede llevarlas a valorar sus consejos, vencer asuntos de precios, y que le escojan a usted por encima de un competidor. Mi profesional de control de plagas fue eficaz para inspirarme a pagar bastante por mi compra al elevar sus ofertas y llevarlas de ser control de plagas a ser protección del hogar, lo cual me inspiró a seguir sus consejos.

## ACTIVE SUS IDEAS

- Las mejores historias de su clientela femenina pueden inspirar a otros clientes potenciales y nuevos. Con eso en mente, piense en crear un «Depósito de historias de clientes contentos». Este depósito es una recopilación de las historias mejores y más inspiradoras de su clientela, documentadas en un archivo para que estén en lo más alto y pueda hacer referencia a ellas en futuras conversaciones con clientes. Si trabaja con un equipo, colabore en el depósito para así poder compartir mutuamente las historias de los clientes y tener muchas más que contar.

- Piense en todas las cosas que usted hace por su clientela y que podría hacerles exclamar: «¡Vaya!». ¿Cuáles son algunas maneras en que puede crear más momentos «¡vaya!», como las «pruebas de duchas» en los centros Kohler Experience y las «pruebas de bicis» en Folsom Bike? ¿Puede ampliar los momentos «¡vaya!» que ofrece ya?

- En definitiva, las personas son inspiradas a comprar algo cuando sienten que mejorará sus vidas. ¿Cómo puede expresar con mayor eficacia cómo mejorará la vida de alguien si compra su producto o servicio?

# CAPÍTULO 6

# MOTIVADOR 3: CONFIADAS

*Infundir la confianza de su clientela femenina en usted y sus productos*

Cuando tuve que dar la conferencia de más alto perfil de mi carrera, sufrí el tipo de crisis de confianza de la que la mayoría de oradores varones nunca tienen que preocuparse. Estaba en Las Vegas, y una hora antes de mi presentación me llevaron detrás del escenario para encontrarme con una artista del maquillaje que tenía la tarea de hacer que todos los oradores lucieran fabulosos para su gran momento sobre el escenario. Cuando me senté en un sillón y la artista comenzó a aplicar maquillaje, enseguida me di cuenta de que no había ningún espejo para que yo pudiera ver lo que sucedía: estábamos en un cuarto sin ventanas y con paredes vacías. Estuve allí sentada cuarenta y cinco minutos mientras ella me ponía lo que me parecían miles de productos.

Por lo general no llevo mucho maquillaje, por lo que me sentía cada vez más incómoda a medida que se acercaba mi presentación. Pensaba: ¿Qué me está haciendo?

Cuando por fin terminó su trabajo, me levanté y me acerqué a un espejo que había al otro lado del salón para enfrentar la «revelación». No me reconocía. Sobre mi cara había más maquillaje del que me he puesto en toda mi vida. Labial rojo brillante, grueso delineador negro... mi apariencia gritaba «vedette de Las Vegas» en lugar de «competente ejecutiva de negocios». Los diez minutos siguientes fueron de pánico mientras le pedía a la artista del maquillaje que quitara de mi cara todo eso antes de salir al escenario. Esa experiencia me hizo tambalear. En lugar de fortalecer mi confianza, el maquillaje la había estremecido. Pensé: *Apuesto a que esto no sucede nunca en Sephora.*

¿Por qué vino a mi mente Sephora en ese momento? Porque sentir confianza con productos de belleza es algo que yo relaciono con esa marca. Y no soy la única. Sephora, cuyo dueño es el grupo de lujo francés LVMH, tiene más de dos mil quinientas tiendas en treinta y cuatro países, y es el minorista especializado en belleza número uno en el mundo.[1] Ha llegado hasta ahí desarrollando la confianza de las clientas en los productos que vende y la experiencia que ofrece.

## MEJORES PRÁCTICAS

### Sephora:
*La confianza es hermosa*

Toda la industria de la belleza está construida en base a vender confianza. Mi pesadilla con el maquillaje en Las Vegas podría haber sido el look soñado de otra persona, pero sin ninguna duda no era el mío. ¿Cómo impulsa cualquier minorista la confianza de la clientela femenina en una industria que es tan subjetiva? Sephora tiene la clave, y sus estrategias innovadoras proporcionan valiosas ideas para cualquier marca. Porque sin importar qué producto o servicio represente usted, la confianza cierra ventas.

Las dependientas de Sephora (la empresa las llama asesoras de belleza) ayudan a los clientes a sentir confianza en la elección de sus productos mediante una mezcla de tecnología y experiencias «analógicas» de los clientes. «Nuestras tiendas son un escenario, y nuestras asesoras de belleza llevan a cabo una interacción real con nuestros clientes, no solo transacciones», dice Mary Beth Laughton, vicepresidenta ejecutiva de multiminoreo de Sephora para el mercado estadounidense. «Utilizamos la tecnología para complementar la experiencia de las asesoras de belleza... y para hacerlas incluso más poderosas».

Las tiendas Sephora tienen más de doscientas marcas, y las consejeras de belleza deben atender el espectro completo de necesidades de los clientes, desde reposición de productos de autoservicio («Se me acabó mi labial favorito y necesito uno nuevo»), transformaciones totales («Estoy lista para un look totalmente nuevo»), hasta alegre experimentación («Quiero probar uno de estos iluminadores que dan brillo»). Lo hacen utilizando herramientas que la empresa ha incorporado para ayudar con las distintas necesidades de los clientes. Esas herramientas ayudan a las consejeras de belleza a atender el gran número de productos de la marca de un modo que hace que la clientela femenina sienta más seguridad de estar comprando los adecuados para sus necesidades.

Cada industria tiene puntos débiles en su clientela, y en la belleza surge un problema por encima del resto: encontrar productos que encajen perfectamente con el tono de piel de cada persona. Esto es especialmente difícil con la base de maquillaje, el producto que sirve como «base» y que se aplica a la cara antes de ningún otro producto. El número de opciones es abrumadora: solamente Sephora ofrece más de ciento treinta colecciones diferentes de maquillajes, y tres mil sombras diferentes. Las mujeres podrán decirle que es fácil comprar el tono inadecuado de maquillaje porque podría verse estupendamente bajo las luces fluorescentes de la tienda pero horroroso bajo una luz diferente. Para resolver este punto débil y ayudar a las clientas a sentir confianza en su elección, Sephora colaboró con Pantone, la empresa más conocida por su sistema de igualar colores, para crear una herramienta llamada Color iQ.

Así es como funciona: la asesora de belleza de Sephora sostiene en su mano un dispositivo del tamaño de un teléfono y lo sitúa frente al rostro del cliente, captando varias imágenes distintas de su piel. Cuando se obtienen las imágenes, la herramienta digital asigna al cliente un número de Color iQ. Armada con su número personalizado de Color iQ, ella puede identificar todos los productos que encajarán con su tono de piel en todas las marcas que tiene Sephora. La tecnología ha llevado a un nuevo nivel el concepto de asignación de producto, y se ha ampliado para incluir categorías adicionales de productos como cuidado corporal e incluso fragancias.

Otro aspecto del negocio que está diseñado para fortalecer la confianza del cliente es el cambio de imagen, un punto esencial de la industria. Nadie quiere que una clienta se vaya descontenta por un cambio de imagen, como me sucedió a mí en Las Vegas, porque si ella no se siente contenta con cómo luce, hay pocas posibilidades de que comprará los productos que utilizaron con ella. Para aumentar la confianza de los clientes, Sephora creó una herramienta de realidad aumentada llamada Sephora Virtual Artist (Artista virtual), que permite a las clientas ver fotografías de ellas mismas «llevando puestos» distintos looks y productos de maquillaje. Las consejeras de belleza utilizan esta herramienta para que las clientas puedan escoger su look favorito antes de que comience el cambio de imagen. «Ayuda de antemano a las consejeras de belleza a hablar con los clientes sobre lo que harán», dice Laughton. «Se produce este encuentro de las mentes... y aumenta la confianza de los clientes». Esta herramienta también está disponible directamente para las consumidoras mediante la página web de Sephora y su app, permitiendo a las personas «probar» distintos looks y colores de maquillaje en sus casas, con la realidad aumentada.

Sephora también ha transformado la experiencia clásica de maquillaje en una oportunidad para recopilar datos de la clientela. Las consejeras de belleza escanean información de los productos aplicados durante un cambio de imagen, y al final de la sesión envían esa información al cliente para que ella pueda comprar los productos y replicar el look.

De este modo y de muchos otros, Sephora utiliza la tecnología para desarrollar confianza de los clientes en lo que antes era el negocio más analógico. La empresa dirige un laboratorio de innovación en San Francisco y constantemente prueba nuevas estrategias. Cuando le pregunto a Laughton sobre lo que hay por delante para la estrategia digital de la empresa, ella me dice que no hay estrategia digital: solamente hay estrategia hacia *los clientes*.

«Comenzamos con la necesidad del cliente», dice Laughton. «No con la tecnología. Veremos la necesidad y preguntaremos:

¿hay algún papel que pueda desempeñar la tecnología o la innovación para abordar esto? Por ejemplo, no tenemos una estrategia de IA (inteligencia artificial). Tenemos experiencias que estamos diseñando para suplir las necesidades de los clientes que quizá utilicen tecnología de IA. Ese es nuestro modo de pensar al respecto. Somos muy cuidadosos de no añadir tecnología por el mero hecho de introducir algo nuevo y brillante».

## CÓMO DOMINAR LOS PUNTOS FUNDAMENTALES DE INFUNDIR CONFIANZA EN LA CLIENTELA FEMENINA

Usted no tiene que ser un negocio del tamaño de Sephora para hacer que su clientela femenina sienta confianza en sus interacciones con usted. Como todo lo demás en las ventas, no hay una sola bala de plata. Lo que sigue a continuación son algunas técnicas fundamentales para desarrollar la confianza de la clientela femenina. La mayoría de ellas no cuestan nada.

### Organizar un número manejable de opciones.

Demasiadas opciones pueden ser paralizantes y hacer que se detenga la toma de decisiones. Si ha hecho las preguntas adecuadas o tiene la tecnología correcta (como Color iQ de Sephora), debería ser capaz de reducir las opciones de productos para su clientela hasta una lista breve de recomendaciones. La organización es necesaria para ayudar a dirigir a la clientela hacia decisiones de compra, y esta es una manera importante de demostrar su conocimiento y experiencia.

## No ser la única persona que habla.

Incorpore pausas en sus conversaciones para dar a los clientes «tiempo» para plantear preguntas o preocupaciones. Haga que sus clientes participen con preguntas de comprobación a lo largo de sus conversaciones para asegurarse de que está manteniendo su atención. Mientras más preguntas haga, más oportunidades tiene de dar respuestas estupendas y desarrollar la confianza de la clientela. En llamadas telefónicas donde no tenga indicaciones visuales, comprobar con sus clientes es incluso más importante. Haga preguntas como:

- «¿Qué le parece esto hasta ahora?».
- «¿Cumple con sus expectativas?».
- «¿Tiene alguna pregunta que no haya abordado?».

Además, dé a sus clientes seguridad audible de que está usted escuchando. Puede que esto no resulte natural para todo el mundo. Culturalmente, son las mujeres de quienes se espera que afirmen a quien habla en la conversación mediante acciones como asentir con la cabeza o expresiones de reacción, como: «Es interesante oír eso». Al trabajar con mujeres como clientes, es importante para los profesionales de ventas, tanto varones como mujeres, mostrar conductas de escucha, ya sea en persona o por teléfono. A veces puede ser tan sencillo como repetir lo que ha dicho su cliente y demostrar que le ha comprendido; por ejemplo: «Le escucho alto y claro; no incluiremos la entrega en su presupuesto».

## Hacer un seguimiento rápidamente.

Uno de los principales problemas que oigo a mujeres es que los vendedores profesionales no hacen seguimiento, lo cual es impensable al considerar que nunca hemos tenido más maneras de comunicarnos con la clientela. La falta de seguimiento está tan generalizada que algunas veces puede ganarse una venta tan solo por ser la primera persona, o la única, que hace un seguimiento con un cliente en el momento oportuno. Esto significa que hay grandes oportunidades de que las personas sean proactivas, especialmente en industrias con largos ciclos de venta donde quizá sean necesarias diez o más interacciones antes de que un cliente se comprometa a comprar. El seguimiento desarrolla confianza, y la confianza desarrolla ventas.

## Entender cómo definen el valor las mujeres.

Para las mujeres, valor no significa necesariamente el precio más bajo: con frecuencia significa: *Lo que compré tiene más valor que lo que pagué por ello*. Por lo tanto, es una buena idea subrayar factores como valor a largo plazo o valor de reventa. ¿Durará su producto veinte años? ¿Tiene garantía? ¿Añadirá valor a los hogares de sus clientes? ¿Les ayudará a atraer más talento a su negocio? ¿Tiene versatilidad; puede utilizarse para lograr más de una cosa? En entornos de ventas entre empresas y ventas a consumidores, «establecer el caso del negocio» es especialmente importante con las mujeres, quienes a menudo representan un amplio rango de otras personas cuando toman decisiones de compra. Como tales, con frecuencia se encuentran no solo teniendo en cuenta las opiniones de otras personas sino también explicando a otros sus decisiones. Ayudar a su clientela a reconocer el valor que hay en lo que usted vende, y no solo el precio, es uno de los desarrolladores de confianza más importantes que hay.

## Plantear preguntas clave para que los clientes se planteen.

Una idea para destacarse de sus competidores es crear una lista de preguntas que los clientes deberían plantearse antes de comprar un producto o servicio en su industria. Estas preguntas podrían ser parte de sus materiales adicionales o de mercadotecnia. Idealmente, exhibirán sus capacidades y el marco de su negocio como la respuesta adecuada para las necesidades de alguien, porque usted podrá responder afirmativamente a todas ellas. Aquí tenemos algunos ejemplos de preguntas para una empresa que vende a otras. Intente pensar en cinco o diez para su propio negocio.

1. ¿Tiene la firma capacidades globales para ayudarle a entrar en nuevos mercados?
2. ¿Ofrece la firma actualizaciones trimestrales para mantenerlo al tanto del progreso?
3. ¿Le ofrece la firma recursos y herramientas educativos?

Ya ve aquí el patrón: está estableciendo su firma como la opción más natural e inteligente.

## Recordar que, para las mujeres, las pequeñas cosas son grandes cosas.

Como hemos visto a lo largo de este libro, los detalles son indicadores de credibilidad para las mujeres compradoras. Una de las mejores estrategias para infundir confianza es enfocarse en tener en su lugar los detalles. Como mencionamos anteriormente, cuando tiene en su lugar las cosas «pequeñas», las mujeres piensan que pueden confiarle las cosas grandes, como su negocio. Los siguientes son algunos indicadores de credibilidad que las mujeres pueden notar en su trabajo:

- Ortografía y gramática correctas en sus comunicaciones
- Deletreo correcto del nombre
- Puntualidad
- Seguimiento cuando usted dice que lo hará
- Baños limpios en tiendas minoristas y oficinas
- Una presencia profesional en la Internet

## Dar a su clientela una «ganancia».

Todo el mundo busca una ganancia, ese pequeño extra que hace que alguien sienta que se le ha dado algo que está muy por encima del precio de compra. Dar a su clientela femenina una «ganancia» es especialmente importante cuando no puede ajustar el precio. Este es un ejemplo sencillo: yo quería comprar una bicicleta nueva, y después de probar en una tienda local una de alta gama, el dueño de la tienda dijo: «Si compra esta bicicleta, le incluiré también un asiento ergonómico para mujeres sin costo adicional». Entonces me entregó el asiento ergonómico para que yo lo inspeccionara. Lógicamente, yo sabía que ese asiento a él le costó poco; de hecho, es probable que ya hubiera incluido el costo del asiento en el precio de la bicicleta. Sin embargo, en ese momento tuve la sensación de que era una ganancia. Esta estrategia puede inclinar la balanza para su clientela. Las «ganancias» son también el tipo de cosas que las mujeres mencionarán a sus amistades y a otras redes. Planifíquelas para que hablen de valor.

## Destacar todo el valor que pone usted personalmente sobre la mesa.

Si está en un negocio de servicios, sus clientes probablemente no se den cuenta de todas las cosas que usted hace entre bambalinas para añadir valor al producto o servicio que están comprando. ¿Cómo podrían saberlo? Este es un ejercicio estupendo para un día con poco movimiento: anote todas las cosas que usted hace por la clientela que puede que nunca vean. Documente esta lista, y cuando sea apropiado, muestre a alguien esas actividades para demostrar el valor que usted proporciona. La «óptica» de esto puede ser fenomenal. Si no lo hace, ¿de qué otra manera sabrá su clientela el valor que usted aporta personalmente a la transacción?

## Asegurar que tiene una presencia creíble en la Internet.

Mantener una presencia creíble en la Internet está a la altura de respirar en términos de su importancia para el éxito en las ventas. A riesgo de quedarme corta, si usted no tiene una presencia profesional en la Internet, puede que esté minando su credibilidad, en especial si espera atraer a compradores jóvenes. Como mínimo, un perfil profesional en línea muestra que es usted una persona real para posibles clientes que aún no conoce. Más importante aún, el perfil profesional comunica sus credenciales, el tipo de clientela a la que da servicio, y un cuadro general de su personalidad. «Los compradores utilizan perfiles en redes sociales para calificar a las personas con las que hablan», dice Justin Shriber, vicepresidente de mercadotecnia de LinkedIn Sales and Marketing Solutions, refiriéndose a un estudio reciente de compradores y vendedores entre empresas en la red. «Antes, eran principalmente los vendedores los que intentaban saber sobre los compradores. Ahora es también lo contrario». Si aún no lo ha hecho, priorice el establecer un perfil profesional en la Internet, y use una fotografía de alta resolución que capte el tipo de imagen que quiere comunicar a la clientela.

## Hacer algo pequeño para mostrar fiabilidad inmediatamente.

La credibilidad se forja de maneras grandes y también pequeñas, y la mayoría de las veces son las pequeñas cosas las que causan las mayores impresiones. Haga esto cumpliendo minicompromisos desde el principio en la relación con sus clientes. Por ejemplo, si le dice a un cliente: «Le volveré a llamar en quince minutos», vuelva a llamar exactamente a esa hora para demostrar que puede confiar en que usted hace lo que dice que hará.

## Fomentar premios, elogios y reseñas.

Hay una razón por la que los restaurantes y las peluquerías cubren sus paredes con la cobertura de medios de comunicación:

es credibilidad instantánea. Exhibir sus premios, elogios, reseñas, cobertura en los medios y publicidad de una tercera parte puede ser un modo muy creíble de desarrollar confianza en lo que usted vende.

Solamente un recordatorio a ser cauto a la hora de exhibir premios de ventas si está en los campos de servicios financieros, cuidado de la salud, seguros, o cualquier otra industria donde haya sensibilidad a la idea de ser «vendido», o incluso a la idea de ser un «cliente» (contrariamente a paciente, por ejemplo). Pocas personas quieren que les recuerden que son un número en la cuota de ventas de alguien. Si está en una de estas industrias y recibe un premio de su propia empresa o de un proveedor que incluya en él la palabra «ventas», pregunte si puede redactarse de otro modo para centrarse más en el cliente, y así poder exhibirlo sin causar incomodidad.

## Preguntar a los clientes si tienen alguna reserva.

Tras haberse ganado el interés de su cliente, pregunte si tiene alguna reserva sobre lo que han hablado. Al poner sobre la mesa esta pregunta, tiene la oportunidad de abordar cualquier preocupación no expresada que pueda tener su cliente, lo cual le da la oportunidad de resolverla.

## Enfatizar las políticas de garantía, devolución o cambio, y el tipo de servicio que su clientela puede esperar tras la venta.

Las mujeres se adelantarán con frecuencia hasta el peor de los escenarios en las compras elevadas. Sopesan los riesgos e intentan determinar si pueden contar con que usted respaldará el producto en caso de que algo vaya mal.[2] Esto significa que es importante abordar de modo proactivo los tipos de comunicación y de servicios que pueden esperar tras la venta. Garantía, devoluciones, y servicio posventa pueden ser una parte importante de la conversación para desarrollar confianza; no escatime en esta información.

## Exhibir los recursos y los miembros del equipo que le respaldan.

Exhibir los recursos disponibles para sus clientes puede ser un estupendo desarrollador de confianza para ellas. Si tiene un equipo, comunique que también ellos respaldan a su clientela, y están listos para proporcionar apoyo en cualquier necesidad.

## Supere a sus competidores en información.

La información es la moneda actual, y las mujeres tienden a considerarse aprendices de por vida. Para mantener su estatus como un recurso experto, tiene que incorporar tiempo en su día para leer sobre clientela, competidores, tendencias de mercado, y su industria. Tanto como pueda, comparta tendencias e información con su clientela, envíe proactivamente artículos de interés, y piense en escribir o postear sus ideas sobre problemas de la industria.

## Conocer a la competencia, y estar listo para expresar en qué es usted diferente y mejor.

Esté preparado para hablar de cómo su producto o servicio es significativamente diferente al de sus competidores más cercanos.

Es asombroso cuántas personas no lo hacen, o incluso ni siquiera saben en qué son diferentes. Una vez compré de incógnito en una empresa de construcción y pregunté al asesor que trabajaba en una maqueta de una casa: «¿Cuál es la diferencia entre su desarrollo y la subdivisión del otro lado de la calle?». La respuesta: «Son bastante parecidas, supongo. Depende de lo que usted quiera». No es exactamente una diferencia competitiva. A propósito, la frase «depende de lo que usted quiera» puede hacerle parecer desinteresado, si deja que las palabras se queden en el aire. Pero si lo complementa con información sobre distintas opciones, entonces en cambio puede inspirar confianza.

## Hablar sobre intercambios para mejorar su credibilidad.

Todo en la vida es un intercambio, y esto se aplica a los productos y servicios que usted vende. Su cliente ya sabe esto. Cuando usted habla de intercambios entre las opciones que ofrece, muestra que no está ocultando ningún «imprevisto», y eso puede aumentar la confianza de su clientela en su guía.

## Hacer saber a la clientela cómo ha mejorado un producto con el tiempo.

Si su producto es algo que la gente compra solo unas pocas veces en la vida, asegúrese de hacerles saber cuánto ha cambiado para mejor. Si se crió durmiendo en el tosco sofá cama de sus abuelos durante las vacaciones de verano, por ejemplo, podría dudar a la hora de comprar uno. Resulta que los sofás cama son ahora estupendos. ¿Quién iba a saberlo? (La industria de los muebles, ellos lo saben). Hay muchos productos que han cambiado muchísimo durante la última década. Su cliente puede tener ideas preconcebidas, arraigadas en experiencias del pasado, que podrían interponerse en una venta. Cuando sea apropiado, pregunte a su cliente sobre la última vez que compró su producto, y si ha cambiado significativamente para mejor desde entonces, asegúrese de que ella lo sepa.

## Sea amable con los demás, ella está observando.

Sus clientes observan cómo trata usted a otras personas. Esto no solo se refiere a miembros de su propio equipo; observan cómo trata a todo el mundo, desde camareros en restaurantes, taxistas, hasta asistentes administrativos. Demuestre en todos sus actos que es usted una persona cortés y amable que merece que se le confíe el dinero de sus clientes, que tanto esfuerzo costó ganar. Esta conducta da a sus clientes confianza en que usted también las tratará bien a ellas.

## Manejar los errores de modo que inspire confianza para el futuro.

Cuando maneja bien un error, sus clientes pueden terminar siendo más fieles a usted que si nunca se hubiera producido un error desde un principio. Una vez conocí a un gerente de un supermercado que de buena gana me relató uno de sus errores favoritos, que había cometido en el departamento de panadería de la tienda. Una mujer había pedido dos pasteles para un evento en la iglesia, y cuando llegó para recogerlos, había errores en ambos. Había sido un pedido artesano, de modo que era comprensible que la clienta estuviera decepcionada. Para compensar, el gerente se disculpó, se hizo cargo del costo de los dos pasteles, y después hizo algo que se ganó la fidelidad de la clienta, y también a sus amigas como clientes, por mucho tiempo. Le ofreció dos pasteles gratuitos para llevar a la iglesia cada domingo durante el mes siguiente. La clienta quedó tan contenta que difundió la noticia por toda la congregación. Personas de la iglesia detenían al gerente en el pasillo para presentarse y darle las gracias por los pasteles. Él se ganó a muchos clientes nuevos debido a ese error inicial; el modo en que lo manejó inspiró confianza.

## Comunicar mientras se resuelven errores.

Siempre se producirán errores, y a veces pueden ser necesarios varios pasos y tiempo para solucionarlos. Mantener informada a la gente en cada paso del camino, en términos del manejo del error, es crucial. Retener información hace más grande el problema y no consigue otra cosa sino enojar a las personas. Todos hemos visto lo que sucede en los aeropuertos cuando una aerolínea tiene mucha demora y no da detalles a los pasajeros; es ahí cuando se forman multitudes. La comunicación periódica ayuda a disipar las situaciones de alta emoción y hace que los clientes sientan confianza en que usted tiene el control y trabaja proactivamente en solucionar el problema. Sus clientes quieren tener la sensación de que usted está «en ello».

## Desarrollar confianza en los precios.

Vivimos en un mundo en el que la clientela femenina no solo puede comparar precios entre proveedores, sino también en muchos casos puede saber (o hacer una suposición fundamentada) el precio de mayoreo que una empresa paga por sus productos. Esto ha cambiado la naturaleza de la negociación para muchas empresas. Un vistazo a cómo se ha adaptado un fabricante de autos a la amplia disponibilidad de los precios de autos en la Internet es instructivo.

### MEJORES PRÁCTICAS

## Lexus
*Cómo desarrollar la confianza del cliente en la concesionaria*

Durante décadas, el regateo ha sido un punto de estrés para los compradores de vehículos, quienes a menudo han carecido de la confianza en que las concesionarias les darán un precio justo a menos que luchen con fuerza para obtenerlo. Si usted es una marca de vehículos de lujo, ¿cómo voltea la tortilla y se gana la confianza de la clientela antes de que ni siquiera entren por la puerta? Si es usted Lexus, revisa el manual de estrategia.

Lexus ha lanzado una rama concesionaria llamada «Lexus Plus», que ofrece anticipadamente un precio libre de negociación. En las concesionarias Lexus Plus (hay decenas de ellas mientras escribo), el precio que se muestra en un vehículo es el precio que paga el cliente. Esto significa que no hay regateo. No tiene que preocuparse de estar pagando más que otro cliente por el mismo auto. No se produce el típico: *Por favor, espere aquí mientras busco a mi gerente*, porque hay un punto de contacto para cada cliente.

Visité Rohrich Lexus en Pittsburgh, Pennsylvania, para ver cómo funciona este nuevo modelo de concesionaria. «Nuestra experiencia de compra de un vehículo ahora gira en torno al cliente, no al precio», dice Kevin Whalen, director del Grupo Rohrich Automotive y propietario por mucho tiempo de varias concesionarias. «Los clientes tienen la confianza de estar pagando el mismo precio competitivo sin tener que pelearse por ello». Whalen ha visto cómo han cambiado mucho las expectativas del cliente a lo largo de sus años en el negocio. Las personas emplean casi el triple de tiempo buscando un auto en la Internet que de otro modo,[3] lo cual significa que entrar en una concesionaria se ha convertido en un «momento de la verdad» tanto para el comprador como para el vendedor. ¿Cómo ha cambiado esto el papel del vendedor profesional?

«La época del "¿puedo ayudarle?" ha terminado», dice Whalen, refiriéndose al saludo habitual que se esperaba de los profesionales de ventas. «La tecnología aumenta las expectativas del consumidor. El vendedor profesional tiene que ser no solo un experto en el vehículo, sino también un experto en cada aspecto de la experiencia de propiedad de Lexus, y no solo del auto».

Con el tema del precio fuera de la mesa, las conversaciones en Lexus Plus pasan del tema de comprar al tema de la *propiedad*. «No tengo que pasarme horas convenciendo a un cliente de que Lexus es un producto estupendo», dice Dave Clugston, profesional de ventas en Rohrich. «El cliente ya sabe eso. Necesito que el cliente lo *experimente*. Mi enfoque es mostrarle lo que va a ser conducir el auto cada día, y cuán fácil es utilizar características como la tecnología de voz. Les presentaré el departamento de servicio al cliente y les diré que podremos recoger su auto para llevarlo a las revisiones técnicas, para que así les resulte cómodo. Les digo a mis clientes: "Lo único que usted tiene que hacer es conducirlo, y Lexus se ocupará de usted". En definitiva, les estoy vendiendo la experiencia de ser propietario de un Lexus».

La combinación de un precio transparente y una perspectiva de propiedad a largo plazo tiene un gran atractivo para las mujeres compradoras. «Las mujeres expresan mayor satisfacción con la experiencia Lexus Plus», confirma Peggy Turner, vicepresidenta de retención y satisfacción del cliente de Lexus, citando datos de concesionarias participantes por todo Estados Unidos. «Se sienten más en control con el proceso directo y anticipado que con la experiencia de compra tradicional. El cliente trabaja con una persona a lo largo de todo el proceso de compra. También supimos que es más probable que ellas recomienden comprar en una concesionaria Lexus Plus».

Lexus Plus es una respuesta para desarrollar la confianza del cliente cuando la información sobre precios de vehículos está disponible en la red, y la clientela, especialmente los jóvenes, espera transparencia por parte de las empresas con las que hacen negocio. ¿Es para todo el mundo? No. Al menos no aún. Para algunas personas, regatear en el precio de un auto es una tradición muy asentada, como comer pavo el día de Acción de Gracias. Pero como con todo lo demás en nuestra época transformadora, cuando las personas experimenten la facilidad y conveniencia de nuevas opciones, y más importante, *confíen* en ellas, resultará un mayor seguimiento. Hay precedentes, después de todo: el hipermercado de autos de segunda mano CarMax construyó su imperio sobre una base de regateo. Saturn operaba a un precio fijo antes de que General Motors lo cerrara. Tesla y Costco no son vendedores al regateo, como lo son diversas concesionarias por todo Estados Unidos.

---

Como hemos visto, infundir confianza en la clientela es una función de cosas grandes, como estrategia de precios en las concesionarias Lexus Plus, y de cosas pequeñas, como las interacciones personales diarias. ¿Cómo infunde confianza en los clientes una de las mayores negociadoras en bienes raíces? Yo lo pregunté.

## MEJORES PRÁCTICAS

## Preguntas y respuestas con Meredith O'Connor, Directora internacional y directora de la sede central de la asesora JLL

Meredith O'Connor trabaja haciendo tratos de titulares como líder en la firma de servicios y asesoría profesional sobre bienes raíces JLL. Representó a Toyota en la reubicación de las oficinas centrales de la empresa norteamericana desde Torrance (California) a Plano (Texas), uno de los mayores movimientos corporativos en la historia moderna. También representó a Toyota y a Mazda en su selección de una notoria planta de 1,6 mil millones de dólares en Huntsville (Alabama), en 2018. Nativa de Chicago, representó a la Fundación Barack Obama para su selección de ubicación del Centro Presidencial Barack Obama en esa ciudad. Nadie trabaja en acuerdos de este nivel sin ganarse la confianza de los clientes. Hablé con O'Connor sobre cómo lo hace.

### ¿Cómo le describirían a usted sus clientes?

Esperaría que dijeran que soy una incansable defensora de sus necesidades. Siempre pongo en primer lugar al cliente.

### ¿Cómo se destaca usted misma?

Compruebo que decirles a las personas que pueden ahorrar dinero capta la atención, al menos en términos de que escuchen lo que vas a decir. Pero igualmente importante es tener una buena historia. La pregunta que hay que plantear es: ¿cuál es tu mejor historia sobre tu trabajo? ¿Cómo la construyes y la haces propia? De eso se trata la vida. Una de mis buenas historias es que nosotros [JLL] sabemos cómo guardar un secreto. El traslado de Toyota de Torrance a Plano era uno de los secretos sobre desarrollo económico mejor guardados de la historia. Nosotros guardamos el secreto de principio a fin.

### ¿Cuál es su estilo de trabajo?

Soy el tipo de persona que trabaja a todas horas. Las personas en posiciones de alto nivel esperan capacidad de respuesta. La idea de «me pondré en contacto con usted en veinticuatro horas» parece ahora una eternidad. En realidad debería ser mucho más rápido. Yo no me iría a dormir en la noche sin terminar los correos electrónicos de hoy, porque ya no es aceptable esperar más tiempo.

### ¿Cómo se gana la confianza de un cliente?

Protegiendo sus intereses, haciendo todo lo que te dicen, y trabajando siempre muy duro para que obtengan el mejor trato posible. Eso es lo que hicimos para Toyota, y por eso hemos tenido la oportunidad de trabajar con ellos más de una vez.

### ¿Cuál es su estilo de compromiso con el cliente?

Si alguien me pide tres ejemplos, intento darle cinco. Creo que es importante que cuando alguien te pide que hagas algo, vayas un poco más lejos, porque ese poco más te hace mejor y así te diferencias de la persona promedio. He pasado mi vida intentando hacer un poco más, y probablemente por eso tengo cinco hijos.

### ¿Cuál es su mayor aversión?

Aborrezco cuando la gente tiene un mensaje en la parte de abajo de su correo electrónico que dice: «Por favor, disculpe las erratas». Creo que eso es una mala idea, porque simplemente muestra que no leen lo que envían. Para mí, es una necedad.

### ¿Cuál es una cosa que usted nunca hace?

Nunca me involucro en lo negativo. Se necesita energía para no llevarse bien con las personas. Siempre intento tomar el camino elevado y llevarme bien con todo el mundo. Creo que es realmente importante que la gente piense que eres una persona amable. En este negocio, eso logra muchas cosas.

## IDEAS CLAVE

- Dar a los clientes un poco más de lo que esperan, como hace Meredith O'Connor, puede tener un gran impacto en la impresión que sacan de usted.
- La confianza de la clientela aumenta cuando usted organiza exitosamente opciones de productos, como hace Sephora.
- Credibilidad proveniente de una tercera parte y presencia profesional en la Internet son importantes para ganarse la confianza de la clientela.
- Vencer la experiencia de ser su cliente a largo plazo, como hace Lexus, aumenta la confianza de los clientes en que recibirán valor por encima del precio del producto.

## ACTIVE SUS IDEAS

- ¿De qué maneras puede dar a su clientela femenina solo el cinco por ciento más de lo que ellas esperan (en términos de servicio) cada vez?
- Vuelva a consultar su perfil profesional. ¿Está actualizado? ¿Crea una impresión atractiva de sus capacidades? Si no tiene un perfil profesional, haga que crearlo sea una prioridad.
- ¿Qué actividades analógicas en su propio negocio podría reafirmar con tecnología, parecido al modo en que Sephora usa la tecnología para reafirmar la confianza de la clientela en su empresa y sus productos?

# CAPÍTULO 7

# MOTIVADOR 4: APRECIADAS

*Haga que su clientela femenina se sienta apreciada por su empresa*

Estoy sentada en un restaurante muy ajetreado en el próspero suburbio de Carmel en Indianápolis, cuando entran un par de clientes habituales y se dirigen directamente a mi mesa. Puedo ver que no se acercan para hablar conmigo, porque van mirando directamente a mi acompañante, el dueño del restaurante, John Liapes. Es una pareja bien entrada en años, y son todo sonrisas al saludarlo. Cuando soy presentada como una visitante que está allí por primera vez, ellos me dicen con entusiasmo que es su lugar favorito para comer. Dicen que se debe al modo en que los tratan.

«John siempre se acerca para hablar con nosotros, y cada vez que María [la gerente] nos ve entrar por la puerta, saca un periódico para reservar nuestra mesa favorita», me dice la mujer. «Algunas veces, si María nos ve entrar desde el estacionamiento, tiene ya nuestra comida sobre la mesa, y cuando entramos ya nos está esperando». La mujer me mira directamente a los ojos y dice: «Ya puede ver por qué nos encanta este lugar».

Estábamos sentados en un McDonald's.

Liapes es propietario y director de un McDonald's que llegó al negocio desde el mundo de la comida gourmet, y eso se ve. Mientras estoy sentada en la ubicación de Carmel (uno de sus cuatro restaurantes McDonald's), es difícil exagerar cuán atractivo es: grandes ventanales, pisos de madera, paredes con relieve, luces colgantes, brillantes mostradores con puntos de cobro, murales artísticos, y quioscos para autoservicio. No hay a la vista ningún anuncio ni papel film en las ventanas. «Soy un purista», dice Liapes sonriendo. Pero no es solo el aspecto físico del restaurante lo que atrae a los clientes a entrar; es también el modo en que Liapes y su equipo, incluida su esposa y socia del negocio, Mary Liapes, tratan a sus clientes y les muestran lo mucho que valoran y aprecian sus visitas.

## ANTICIPAR LAS NECESIDADES DE LA CLIENTELA

«Formamos a nuestros equipos para que sepan qué necesita un cliente antes que él mismo», dice Liapes. «Cuando vemos entrar a mamás con las manos llenas, por ejemplo, tenemos que ayudarlas a encontrar asiento y asegurarnos de que tengan todo lo que necesitan, para que así no tengan que levantarse y ponerse en la fila y dejar desatendidos a sus hijos. Constantemente hacemos cosas como llevar a las mesas servilletas extra y café, porque la gente siempre necesita más servilletas y más café. Queremos que los clientes se vayan pensando: *Siempre nos prestan atención, incluso cuando están ocupados*».

La anticipación de las necesidades es un aspecto clave de la apreciación. Liapes lo denomina *conexión de atención*. Él enfoca la energía de su equipo en este tipo de interacciones porque cree que fomentan el compromiso emocional y la fidelidad a largo plazo más de lo que lo hacen las promociones de precios bajos.

«Es más importante para nosotros lograr que el cliente regrese que lograr que compre cualquier cosa», dice él. «No queremos ser transaccionales con nuestros clientes; queremos ser participativos. Son estos detalles de atención los que se marcan en nuestros clientes, que no se esperan y raras veces se ejecutan en un entorno de servicio rápido».

Como propietario, Liapes no es tímido a la hora de mostrar a los clientes cuánto aprecia la oportunidad de servirlos. «Yo abro personalmente las puertas a los clientes, recojo bandejas, recojo la basura en el estacionamiento, y limpio las puertas de cristal», dice. «Cuando los clientes me ven haciendo eso, entienden que alguien tiene un interés personal en que ese restaurante funcione, y que no da por hecho su negocio».

## CÓMO DOMINAR LOS PUNTOS FUNDAMENTALES DE LA APRECIACIÓN

Como nos muestra la experiencia en el restaurante con John y Mary Liapes, la apreciación tiene muchas dimensiones más allá del «gracias», como anticipar las necesidades de la clientela. Cuando usted hace que sus clientes se sientan apreciados, aumenta su capacidad de cerrar ventas, conseguir clientes que repitan, y crear publicidad de boca en boca. Ya sabe que el modo en que usted hace sentir a la gente es lo que les motiva a hacer negocios con usted. La pregunta es: ¿está haciendo que su clientela femenina se sienta apreciada? Las siguientes técnicas son estrategias para ayudarle a hacerlo.

## No dejar de decir: «Gracias».

Este es un recordatorio amigable para que diga regularmente «por favor» y «gracias» como parte de la rutina. Notará que las mujeres tienen el hábito de decir primero «gracias», incluso cuando ellas son las clientas. Intente hacer lo mismo. Notemos que la frase: «No es problema» es un mal sustituto del término «De nada» en un negocio orientado a los servicios. Sus clientes tal vez piensen: *Sí, sé que no es problema; es su trabajo.* Frases como: «Encantado», «Para eso estoy aquí» o incluso simplemente «De nada» son más amables.

## Poner toda su atención en el momento del pago.

El momento del pago a menudo se pasa por alto como una oportunidad de marcar una impresión duradera. Si su cliente está pagando en persona, como en un comercio minorista, indique a sus equipos que eviten responder llamadas telefónicas, distraerse, o hablarse unos a otros de temas diferentes durante este periodo, para asegurar que cada cliente se sienta apreciado por haber gastado su dinero en su comercio. Si envía facturas por correo electrónico o postal, incluya un mensaje de agradecimiento.

## Encontrar maneras de celebrar una compra.

Usted ha cerrado la venta. ¿Cómo puede celebrar el momento con su cliente? ¿Vale la pena una nota manuscrita de agradecimiento, un regalo, un evento, un futuro descuento para otra compra? Sea creativo. Los pequeños gestos marcan una impresión duradera. En la época del correo basura y del correo electrónico spam, una nota manuscrita de agradecimiento puede destacar.

Una de las mejores prácticas que he escuchado en la que todos salen ganando fue de una mujer que recientemente había reformado su casa. Cuando el proyecto quedó terminado, la empresa hizo dos cosas: en primer lugar, le regaló un álbum de fotografías de su proyecto para poner sobre la mesa, presentando el logo de la empresa en la portada, incluyendo fotografías de antes y después de la reforma. En segundo lugar, la empresa ofreció pagar una fiesta en su casa, para que ella y su esposo pudieran invitar a amigos y familiares a ver los resultados terminados. Los costos de la fiesta estaban limitados a una cantidad relativamente baja de dinero, el suficiente para comprar pastel, aperitivos y refrescos, y la oferta tenía una sola estipulación: que un representante de la empresa (quien se había encargado de su proyecto) pudiera asistir a la fiesta y llevar sus tarjetas de presentación. La clienta quedó emocionada con esa oferta y se sintió agradecida y apreciada. La empresa, desde luego, pudo lograr un resultado emocional positivo a la vez que generaba un nuevo canal de futuros clientes.

## No hay tal cosa como un comprador sin interés. Ser cortés con quienes miran, y mostrar que apreciamos su interés.

Si cree que está plantando una semilla con cada persona que conoce, y así es, entonces nadie es un comprador sin interés. Cada persona es otra oportunidad para marcar una gran impresión en alguien, y nunca se sabe dónde puede conducir eso. Un cliente podría estar mirando hoy pero estar preparada para comprar mañana. E incluso si nunca termina comprando algo en su negocio, una experiencia positiva puede conducirla a hablar de su empresa a otros que sí comprarán.

## Si alguien ha gastado mucho dinero en nuestro comercio, hacer un seguimiento para mostrar que nos interesa el cliente y no solo la transacción.

Si un cliente le ha comprado un artículo muy caro, haga un seguimiento al día siguiente (o la velocidad más rápida que sea adecuada) para contactar, darle las gracias, y proporcionarle algún tipo de comunicación que mantenga adelante el ímpetu. La meta es proporcionar una medida de seguridad de que usted no solo desaparece porque el dinero ha cambiado de manos. Al final, este tipo de seguimiento rápido reafirma su compromiso y ayuda a evitar el remordimiento del comprador o, peor aún, una devolución. Dependiendo de cuál sea su relación, esta segunda conversación quizá también le dé la oportunidad de pedir una recomendación o reseña, si su cliente quedó contenta con la experiencia.

## Proporcionar un traslado elegante y cordial a otro departamento.

A veces, cuando se hace una venta es necesario un traslado a un departamento o colega diferente en su organización. Cuando estas transiciones se manejan mal, la comunicación puede interrumpirse y la compradora siente como si la atención al cliente de repente pasó de estupenda a mala. Vuelva a comprometerse a asegurarse de que vayan bien estas transiciones. La experiencia es análoga a cuando está hablando por teléfono con un representante de atención al cliente, y le dice que tiene que transferir su llamada a otra persona. Su corazón desfallece hasta que el representante dice: «Me quedaré en línea con usted y le explicaré su situación a mi colega». Una transición elegante es mil veces mejor que una transición fría.

## Mostrar que recuerda conversaciones anteriores con su cliente.

Una de las maneras más fuertes en que puede mostrar apreciación por alguien es recordar las cosas que la persona le dijo. Decir algo tan sencillo como: «Recuerdo que la última vez que hablamos, usted me dijo que se dirigía a una conferencia nacional en Orlando. ¿Cómo le fue?» causa una impresión positiva. Como seres humanos, todos tenemos una profunda necesidad de ser reconocidos y recordados. Recordar los nombres de hijos, cónyuges y mascotas genera invariablemente buena voluntad. En cuanto conozca estos tipos de detalles, recuerde registrarlos en su base de datos de contactos.

## Darles una razón para regresar.

Como describió el propietario/director de McDonald's John Liapes, es más importante que los clientes regresen en lugar de que compren algo suelto. Dígales a sus clientes que espera volver a trabajar con ellas y verlas pronto, y deles una razón para que regresen. Se sentirán bien al saber que usted las valora.

## Considerar crear un programa de fidelidad, si todavía no lo tenemos.

Ya sea formal o informal, considere crear un programa de fidelidad del cliente. Su meta sería mostrar apreciación a su clientela proporcionándoles algo de valor que esté por encima de sus compras. Los productos de alto valor podrían ser algo tan sencillo como contenido útil, por ejemplo artículos sobre liderazgo y papeles blancos, un descuento para futuras compras, invitación a eventos especiales, un programa de recompensa, acceso exclusivo en primer lugar a un nuevo producto, o cualquier otra cosa. Para generar ideas, piense en los programas de fidelidad de los que usted mismo es ya miembro, y piense qué hace que le resulten tan atractivos. Cuando se hace eficazmente, puede edificar una *comunidad* de clientes que le permitirán que solicite comentarios, que pruebe ideas, y recopile perspectivas y datos sobre patrones de compra.

## Presentar a su clientela personas que podrían resultarles útiles.

Una manera de alto nivel de mostrar su apreciación a la clientela es presentarles personas que podrían resultar útiles para sus intereses o sus carreras profesionales. Podría hacerse individualmente, o podría llevarlo más lejos aún creando eventos, cenas u otras oportunidades en las que reúna a clientes con pareceres similares para que trabajen en red.

## Determinar quiénes forman el mayor volumen de nuestros clientes y, si no hacemos otra cosa, priorizar el mantenernos en contacto con ellos.

Estos clientes fieles puede perderlos, así que no corra riesgos. Manténgase en contacto con sus clientes más valiosos mediante actividades como visitas proactivas, enviar notas sobre temas

---

que sean de interés para ellas, comentar sus artículos o anuncios promocionales en redes sociales, y enviar tarjetas de felicitación, mensajes de cumpleaños, o incluso mensajes de aniversarios que celebren hitos. Por ejemplo, un agente de bienes raíces podría enviar una nota que diga: «Hoy hace un año que le entregamos su nueva casa. ¡Espero que la esté disfrutando!». Gracias a la tecnología y a las redes sociales, es fácil recordar cuándo sucedieron eventos significativos con su clientela, y quizá incluso tenga fotografías para acompañar el recuerdo. Muestre que se acuerda de ellas, y ellas no le olvidarán. He entrevistado a muchos vendedores profesionales que me han dicho que su herramienta de mercadotecnia más eficaz es una nota manuscrita poco sofisticada en una tarjeta de felicitación. ¿Cree que eso no puede marcar una diferencia? Un agente de Allstate nos muestra cómo puede hacerlo.

## MEJORES PRÁCTICAS

## Agente de Allstate Amy Maddox

Los seguros son uno de esos extraños productos que la gente compra con la esperanza de no tener nunca que usarlos. Eso hace que sea desafiante para los agentes de seguros atraer y retener a clientes que pueden pasarse años, o incluso toda la vida, sin poner una reclamación. Ya que cada cliente debe renovar su póliza (o no) anualmente, muchas personas aprovechan esa oportunidad para comparar precios. Dado este entorno, ¿cómo retienen los mejores agentes a los clientes a la vez que generan otros nuevos? Muestran

apreciación regularmente a sus clientes y a quienes los recomien-
dan. Tan solo preguntemos a una de las «personas de las buenas
manos» de Allstate, que tiene un enfoque estratégico de la apreciación que cualquiera puede adaptar en el servicio al cliente.

Allstate es la mayor aseguradora de pública de seguros personales, de propiedades y de accidentes en Estados Unidos, que da
servicio a más de dieciséis millones de hogares.[1] Para muchos de
sus clientes, la compañía se parece menos a un coloso empresarial
y más a Bob o Shonda o Joe o Amy: el agente local que se ocupa
de su negocio. En Estados Unidos hay más de diez mil agentes de
Allstate, incluida Amy Maddox de Cedar Park (Texas), un suburbio de Austin. Maddox es una «productora» (jerga de la industria para «agente») ganadora de premios, y graduada de la junta
nacional asesora de agentes de Allstate. Para Maddox, demostrar
apreciación ha sido un ingrediente clave de su estrategia de mercadotecnia y su éxito en las ventas.

«El noventa por ciento de nuestro negocio se produce de boca
en boca de clientes actuales y prestamistas hipotecarios», dice
Maddox, que es dueña y directora de una firma de siete personas, Maddox Insurance Company, que es una agencia exclusiva
de Allstate. Ser una prioridad en la mente de la gente e impulsar
referencias requiere proactividad constante, porque «los tiempos
de conocer a su agente de seguros cara a cara ya son historia»,
explica. «Aunque animamos a la gente a que entre a la oficina, con
frecuencia ya no tienen tiempo para eso, de modo que tenemos
que encontrar otras maneras de mostrarles que los valoramos».

Maddox y su equipo emplean mucha energía en mostrar apreciación mediante llamadas telefónicas y correos electrónicos, sus

dos fuentes principales de comunicación con el cliente. «No somos transaccionales», dice Maddox. «Cuando la gente llama, les preguntamos cómo están y lo decimos de veras. Las personas quieren saber que les escuchas y que oyes lo que están diciendo. Les decimos una y otra vez a nuestros clientes que estamos a su disposición, que somos locales y que si nos necesitan, podrían acudir a nuestra oficina. Quizá nunca entren por la puerta, pero les gusta saber que podrían hacerlo».

Maddox y sus colegas envían notas personales manuscritas en los acontecimientos importantes de sus clientes, como el nacimiento de un hijo o la muerte de un cónyuge. Envían tarjetas de cumpleaños; envían tarjetas de Acción de Gracias con mensajes de agradecimiento por ser cliente. Cuando alguien les envía un nuevo cliente, ellos mandan una tarjeta regalo y una nota manuscrita. Todos los nuevos clientes reciben correos electrónicos de agradecimiento cinco días después de haber contratado una póliza. El correo incluye una fotografía de todo el equipo Maddox, con un mensaje que dice que cada miembro del equipo está a disposición del cliente. La meta es hacer que cada cliente se sienta personalmente bienvenido y valorado por la empresa.

Un negocio construido sobre nuevos clientes derivados no se produce de la noche a la mañana. Maddox ha sido notablemente coherente en demostrar apreciación a una comunidad de influyentes clave: cien agentes locales hipotecarios con los que ella ha construido relaciones fuertes a lo largo de su carrera profesional. Estas personas son el canal más importante de referencias para su negocio.

«Cada mes por casi veinte años, con la posible excepción de cuando yo estaba embarazada, he llevado regalos publicitarios a estas personas de las hipotecas», dice ella. «Siempre hago algo muy sencillo. Por ejemplo, este mes es Semana Santa, así que enviamos un huevo de Pascua de chocolate con una nota que dice: "Gracias por sus excelentes referencias"».

Cada mes.

Con un mensaje de agradecimiento diferente.

Por veinte años.

*Eso sí que es una demostración coherente de apreciación.*

«Yo misma sigo llevando los huevos de Pascua personalmente, porque charlar con las personas es el modo de construir relaciones», dice Maddox. Si a estas alturas está usted pensando: *Eso es mucho agradecimiento*, sí, lo es, pero la apreciación que no se expresa quizá no se sienta, lo cual significa que demostrarla requiere proactividad. Y la proactividad toma tiempo.

Maddox y sus compañeros agentes son apoyados en las oficinas centrales de Allstate por un equipo corporativo que trabaja para innovar procesos de modo que los agentes puedan emplear más tiempo en actividades para crear relaciones. «Una de nuestras metas es construir herramientas y aprovechar tecnología que ayuden a quitar de las manos de nuestros agentes actividades de poco valor añadido, para que puedan emplear más tiempo en las actividades de alto valor», dice Gannon Jones, vicepresidente de mercadotecnia del consumidor en Allstate. «Al final, incluso con tecnología y datos que no tienen precedente, seguimos desarrollando productos y servicios para seres humanos que tienen sentimientos y emociones. Las mejores empresas reconocen que sigue siendo un balance entre arte y ciencia».

En el extremo contrario del espectro para una categoría de bajo interés como la de los seguros está el mundo de alto interés de la moda de lujo. Todos sabemos cuán difícil es encontrar un regalo de agradecimiento para alguien que «lo tiene todo». Ahora ampliemos esa idea e imaginemos estar en el negocio de lo lujoso, donde enfrentamos el reto de mostrar apreciación a una base global de clientes que viajan lujosamente y pueden permitirse llevar su negocio a cualquier lugar. ¿Cómo mostramos apreciación a este tipo de clientela? Si es usted una de las ciento cincuenta marcas de la calle de la moda del lujo en Milán, Via Montenapoleone, unirá esfuerzos con sus competidores para llevarlos a lugares que para usted en solitario no estarían a su alcance.

## MEJORES PRÁCTICAS

### Marcas de lujo unen esfuerzos para «escalar» la apreciación

La legendaria avenida italiana de compras en Milán, Via Montenapoleone, está llena de algunas de las marcas más exclusivas del mundo. Prada, Gucci, Giorgio Armani, Salvatore Ferragamo, Loro Piana y decenas más se sitúan en esta calle señorial y en el barrio circundante. Más de veinticinco mil personas al día visitan este distrito de compras, y el ochenta por ciento llegan de fuera de Europa. La zona tiene el mayor gasto promedio entre las principales calles de compras del mundo.[2] Las marcas compiten aquí con otras capitales de la moda en todo el mundo para tratar de ganarse el negocio de una clientela de lujo. Para hacerlo de modo más eficaz, el Distrito MonteNapoleone ha creado un programa llamado «Un destino de lujo», en colaboración con la firma de asesoría Accenture.

«Estas marcas generalmente están en competencia, pero en este caso son aliadas», dice Umberto Andreozzi, experto en moda y lujo digital de Accenture.[3] Trabajando juntos como la asociación del Distrito MonteNapoleone, estas marcas utilizan sus recursos colectivos para proporcionar experiencias exclusivas a la clientela con un estilo distintivamente italiano.

¿Está interesado en dar vueltas por el lago Como en un Ferrari? ¿Quiere ir en busca de trufas en Alba (Italia)? Quizá le gustaría relajarse en una sala VIP en una elegante villa, copa de champaña en mano, con un asesor de compras personal que le lleve todos los vestidos rojos de su talla que haya en cada tienda de la zona, si ese es el deseo de su corazón. Estas son el tipo de experiencias que ofrece la asociación.

«Los individuos que visitan MonteNapoleone son viajeros globales», dice Guglielmo Miani, presidente del Distrito MonteNapoleone y director general y presidente de Larusmiani, la marca de ropa de lujo y a medida más antigua en Via Montenapoleone. «Siempre buscan las experiencias mejores y más estupendas del mundo. No quieren aburrirse». Aunque las experiencias cambian constantemente, Un destino de lujo tiene tres puntos fundamentales:

*Sala VIP Primera en su clase.* La sala VIP de MonteNapoleone en el corazón de la zona de compras es la primera en el mundo en dar servicio a un «distrito de moda», y representa el corazón físico de la colaboración Un destino de lujo. Albergada en un hermoso palacete histórico en Via Montenapoleone, esta sala tiene el ambiente de un lujoso club privado (yo la visité en nombre de la investigación). Solamente se puede entrar por invitación, y está reservada principalmente para los mejores clientes de la marca. Una vez en su interior, los clientes encuentran un servicio de conserjería las veinticuatro horas, asesores personales de compra, vestidores privados, zonas de descanso y refrigerios, servicios como traslado gratuito de las maletas al aeropuerto (para ayudar con todas las nuevas compras), facturación en el aeropuerto de equipaje extra (más ayuda con todas esas nuevas compras), un mayordomo en el aeropuerto, y también la tramitación de las devoluciones del impuesto al valor agregado para que los clientes no tengan que esperar en la fila en el aeropuerto.

*Servicio de conserje.* Se ofrece un dedicado servicio de conserje tanto en persona (en la sala VIP de MonteNapoleone) como en la Internet. El conserje concertará citas personales con las marcas favoritas de los clientes, organizará servicios de chófer, se ocupará de las peticiones de los clientes, como hacer reservas para cenar en restaurantes de lujo, organizar experiencias privadas de cenas, hacer reservas en hoteles, programar recorridos turísticos, y asegurar entradas para actividades como conciertos, desfiles de moda y la ópera. Por ejemplo, si un cliente quisiera visitar la fábrica de Ferrari, ellos pueden hacer que suceda. Si a alguien le emocionan más los eventos deportivos en el cercano circuito de Monza, eso también puede organizarse. Digamos que un cliente es el tipo de persona a quien le gustan más los palacios y museos; ellos pueden proporcionar acceso especial exclusivamente para clientes de la sala VIP de MonteNapoleone.

*Página web y aplicación «Calles digitalizadas».* Un destino de lujo presenta una página web y una aplicación diseñadas para ayudar a los clientes a comenzar su inmersión en el glamuroso corazón de Milán antes ni siquiera de salir de su casa, y que siga mucho después de haber dicho *ciao* (el clásico saludo italiano).

¿Lo fundamental? Como nos muestran negocios tan diversos como McDonald's, Allstate y el Distrito MonteNapoleone, la apreciación del cliente nunca pasa de moda, independientemente de cuál sea su tipo de negocio o el tipo de clientela al que dé servicio.

## IDEAS CLAVE

- Hacer que la clientela se sienta apreciada toma tiempo y esfuerzo, pero vale la pena en términos de mayor fidelidad de la clientela y referencias.
- La apreciación adopta muchas dimensiones más allá del gracias: también incluye elementos como anticipar las necesidades de la clientela y celebrar compras.
- El seguimiento periódico es una de las maneras más importantes de mostrar apreciación por el negocio de alguien. Muestra a la clientela que su compra no se consideró una mera «transacción».

## ACTIVE SUS IDEAS

- ¿Cuáles son algunas maneras creativas de poder mostrar apreciación a su clientela femenina? No tiene que atracar el banco. En mi barrio hay dos peluquerías en la misma calle. Una ofrece un masaje de hombros de dos minutos con cada manicura, y la otra no. ¿Sabe cuál de ellas se ganará mi visita?
- Si creara un programa de fidelidad para su negocio, ¿cómo podría ser?
- Identifique los obstáculos que evitan que se mantenga en contacto periódico con clientes y personas influyentes. ¿Qué puede hacer para que este proceso sea más manejable?

# CAPÍTULO 8

# PRINCIPALES TENDENCIAS QUE IMPULSAN LOS PATRONES DE COMPRA DE LAS MUJERES

*Un mapa de ruta para sobrepasar las expectativas de la clientela femenina*

hora que hemos establecido firmemente el Marco de los cuatro motivadores y cómo nos ayuda a impulsar el compromiso con las mujeres compradoras, dirijamos nuestra atención en otra dirección: las macrotendencias que impulsan los estilos de vida de las mujeres y sus patrones de compra. Aunque los cuatro motivadores son principios atemporales que seguirán siendo eficaces durante muchos años, es importante mantenerse al día de lo que está sucediendo actualmente en las vidas de las mujeres que impacta sus deseos y necesidades. Estas tendencias proporcionan un contexto oportuno para los cuatro motivadores que ayudará a asegurar que sus ideas y estrategias sean relevantes para las vidas de las mujeres.

Existen seis tendencias principales que impactan los patrones de compra de las mujeres. Por separado, estas tendencias son como puntos en un mapa, pero cuando las unimos, crean un mapa de ruta de hacia dónde se dirigen sus clientes y cómo puede desarrollar estrategias para mantenerse por delante de sus necesidades. Cuando se combinan con los cuatro motivadores, le dan una imagen completa de cómo entender mejor y dar servicio a este mercado.

## TENDENCIA I: DOBLE OBLIGACIÓN, LA MITAD DE TIEMPO

La madre de todas las tendencias es lo que yo denomino «Doble obligación, la mitad de tiempo». Describe las borrosas líneas existentes entre la vida laboral y la vida en el hogar y la resultante compresión del tiempo que proviene de eso: la sensación de que tenemos menos tiempo. Cada uno de nosotros tiene las mismas veinticuatro horas en un día que tenían nuestros ancestros que vivían en cuevas, pero gracias a nuestras vidas multitarea y la tecnología que nos colma, a menudo tenemos la sensación de tener menos horas que esas, y eso impulsa el cómo, cuándo y con quién deciden hacer negocios las mujeres.

En primer lugar, demos contexto histórico a nuestras vidas ajetreadas. Antes de la revolución industrial, la vida laboral y la vida del hogar eran en gran parte una y la misma. Hombres, mujeres y niños trabajaban juntos en sus hogares en la meta compartida de la supervivencia de la familia. Utilizaban sus tierras para cultivar alimentos y criar animales. Utilizaban sus casas para preparar las comidas y tener abrigo contra los elementos; y vendían todo lo extra para generar ingresos. Con la llegada de las fábricas fue cuando hogar y trabajo comenzaron a considerarse conceptos separados.[1] Irónicamente, la era de la tecnología nos ha llevado de regreso a esta fusión de vida laboral y hogareña. En lugar de moler grano en las mesas de nuestras cocinas, ahora en cambio sobre ellas respondemos correos electrónicos, redactamos textos en PowerPoint, o dirigimos empresas.

Las mujeres modernas experimentan muchas veces una aguda compresión del tiempo, porque muchas de ellas balancean roles en el trabajo con roles de cuidado de la familia. Al pensar en dar servicio a un mercado de mujeres trabajadoras, puede ser útil pensar que muchas tienen dos empleos: uno por el que reciben remuneración, si trabajan fuera del hogar, y el otro por el que no les pagan, dentro del hogar o como cuidadoras de familia política o padres ancianos. El resultado es que las mujeres a menudo tienen menos tiempo para dedicar a ir de compras. Y cuando el tiempo para compras disminuye, las expectativas de hacerlo con facilidad y comodidad aumentan: es una relación inversa.

Hay menos paciencia (y con frecuencia nada de paciencia) a la hora de interactuar con empresas o vendedores con los que no es elegantemente fácil trabajar. Mientras menos tiempo tengan sus clientas, más lo valoran; y más valoran a las personas que lo respetan y lo ahorran.

## Todo se trata de ejecución

Para ver un ejemplo gráfico del estilo de vida de doble obligación, la mitad de tiempo, acudamos a Judi, una ejecutiva muy ocupada de Nueva York. Es un martes en Manhattan, y estoy sentada al otro de la mesa junto a Judi en una cafetería llena de gente. Ella es el tipo de persona que irradia competencia, y en el momento en que empieza a hablar, me siento obligada a enderezar mi postura, alisarme la ropa, y prestar atención. Judi no desperdicia palabras ni tiempo, y escuchar cómo dirige su vida como madre soltera es como una clase maestra sobre eficiencia. Le pido que me diga cómo hace que su vida funcione.

«Todo se trata de ejecución», dice Judi, que dirige su propio negocio de asesoría y las vidas de sus dos hijos con edades de escuela elemental. «Tengo muchas cosas que hacer en un día, y no tengo tiempo para fallos».

Dejo mi pluma sobre la mesa cuando ella dice: «No tengo tiempo para fallos». Que esta sea una lección para todos: cuando las mujeres están en el mundo laboral, *quieren* ejecutar. Quieren ser productivas. Quieren hacer el trabajo. No quieren irse con las manos vacías. Judi enumera sus responsabilidades en un día cualquiera:

- trabajo con clientes
- comprar comida
- limpieza
- cuidar y pasear al perro
- reparaciones de cualquier tipo
- preparar a los niños para la escuela
- llevar a los niños a la escuela
- cuidado médico para sí misma y los niños
- cuidado veterinario

«Yo estoy a cargo de cada departamento», dice Judi. Respira hondo y recita de un tirón todas las aplicaciones que utilizó una mañana hace poco mientras iba sentada en el asiento trasero de un taxi de camino al aeropuerto John F. Kennedy para un viaje de negocios. Mientras habla, siento el mismo tipo de asombro y respeto normalmente reservados para las actuaciones del Circo del Sol. Aquella mañana, Judi utilizó aplicaciones para

- programar la recogida de ropa en la tintorería,

- organizar varios paseos del perro con una persona contratada para eso,
- pedir la cena para sus hijos,
- contratar a alguien para ensamblar un escritorio que pidió de IKEA,
- contratar un seguro contra inundaciones, porque un huracán iba de camino hacia Nueva York, y
- pedir ropa nueva para sus hijos.

¿Mencioné que logró hacer todo eso antes de abordar un vuelo en la mañana? ¿Y vio la parte de contratar un seguro contra inundaciones?

Judi hace que mi asombro aumente a pasos agigantados. «Utilizar estas aplicaciones no se trata de un atajo: se trata de una *manera*. Me apoyo mucho en la tecnología. Necesito ejecutar las tareas de la manera más eficiente posible, limpiar el camino para poder hacer las cosas que solamente yo puedo hacer».

Las experiencias de Judi dibujan un cuadro de por qué ahora son «elementos esenciales» que sea fácil y cómodo trabajar con ella, sin importar en qué negocio esté usted. La otra cara de la moneda es, sin duda, la oportunidad de atender este nuevo apetito por servicios útiles. Consideremos la lista de aplicaciones que Judi utilizó en una sola mañana. Casi todas estaban basadas en servicios. Cuando entrevisto a mujeres, con frecuencia me dicen que tienen muchas cosas que hacer, y que lo que buscan es más ayuda.

Separada de Judi casi por medio país, una mujer llamada Jen me da un ejemplo sencillo pero atractivo de cómo se ve lo útil y cómodo desde su perspectiva. Me habla de las primeras veces en las que se fue de su casa para ir de compras poco después de tener un hijo.

«Recuerdo la primera vez que entré en el estacionamiento de Nordstrom con un bebé con cólicos y casi me pongo a llorar cuando vi que tenían espacios reservados para estacionamiento de "padres primerizos". Pensé: *Oh, Dios mío. Alguien me entiende. Alguien se interesa por mi experiencia aquí*». Nordstrom literalmente puso carteles que les dicen a sus clientes que intentaban facilitarles que hicieran negocios con la empresa.

En el mundo de doble obligación, la mitad de tiempo, ser fácil, eficiente y cómodo captará la atención de mujeres ocupadas que buscan su ayuda para alcanzar sus metas, y aumentará las posibilidades de que sus clientes se sientan conectadas, inspiradas, confiadas y apreciadas.

## IDEAS CLAVE

- Que sea algo fácil y cómodo con lo que trabajar son ahora «elementos esenciales» para dar servicio a un mercado de mujeres modernas. Si su negocio no es útil, cómodo y fácil de trabajar con él, finalmente será alterado por un competidor que sí lo sea.[2]
- Las mujeres ocupadas buscan servicios, no solo productos.

## ACTIVE SUS IDEAS

- Muchas de las aplicaciones que Judi utiliza proporcionan un servicio útil, no un producto. ¿Podría usted ofrecer un servicio complementario para los productos que vende? Por ejemplo, IKEA compró TaskRabbit, un negocio basado en una aplicación que ayuda a las personas con recados y actividades cómo ensamblar muebles de IKEA. Era un aparejamiento natural. Mi supermercado local, Mariano's, ofrece asado en parrilla gratuito de los cortes de carne comprados; lululemon ofrece servicio de sastrería gratuito; PetSmart ofrece todo tipo de servicios para mascotas; las tiendas Ulta Beauty ofrecen una variedad de tratamientos para cabello y cejas. ¿De qué otro modo puede hacer que las vidas de su clientela femenina sean más fáciles con un servicio que complemente sus productos? ¿Puede aprovechar las nuevas tecnologías para ofrecer comodidades como entregas y reposición automática?
- El tiempo es tan solo un aspecto de la comodidad. Escriba una lista de otros aspectos de la comodidad que pueda usted satisfacer mediante su negocio.

## TENDENCIA 2: EL EFECTO MINIYO

Yo acababa de elegir mi color de laca de uñas cuando sucedió. «Por favor, tome asiento», dijo la manicurista mientras me indicaba la pequeña silla. Era la hora pico en el salón, cerca de las 5:30 de la tarde de un jueves. Como es mi costumbre, asentí con la cabeza y con un breve contacto visual a la clienta que estaba sentada a mi lado. Esperaba que mi cara no revelara mi sorpresa cuando me di cuenta de que la clienta que estaba sentada a mi lado era una niña de once años.[3]

Se estaba haciendo una manicura profesional.

Un día entre semana.

No debería haberme sorprendido. ¿Lo ha observado? Las niñas ahora participan en actividades de adultos y en marcas de adultos más que nunca, el tipo de cosas que antes había que crecer para poder conseguir.

Bienvenido al «efecto miniyo», el nuevo orden mundial en el cual adultos y niños activamente quieren y utilizan los mismos productos, marcas y servicios. Ahora es cada vez más difícil responder las preguntas: «¿Qué es un producto o servicio para niños?» y «¿Qué es un producto o servicio para adultos?».

La línea entre ambas cosas está siendo borrada lentamente.

A los niños les encantan las marcas que gustan a sus padres (Muestra A: Converse), a los abuelos les encantan las marcas que gustan a sus hijos (Muestra B: Starbucks), y todo el mundo, desde los ocho a los ochenta años, quiere la misma tecnología (Muestra C: iPad).[4] Muchos niños ya no tienen que esperar a crecer para obtener los productos y servicios que disfrutan sus padres. Sin ninguna duda, usted habrá sido testigo de ello. Quizá se ha encontrado pasando al lado de un niño de cinco años en la zona clase ejecutiva de un vuelo a Orlando, volando con las millas de sus padres. Tal vez ha entrado en una peluquería cerca de la época de graduaciones y ha visto a muchachas a quienes les hacían un peinado profesional y les maquillaban. Quizá su sobrino adolescente le pidió que le comprara un café con leche de camino a su casa. Cuando salgo a hacer investigación en comercios minoristas, por rutina veo a madres e hijas mirando los mismos bolsos de diseño.

Las generaciones anteriores se avergonzaban del gusto de sus padres en casi todo. ¿Qué es distinto ahora? Todo. La raíz de todo esto es: las personas se casan más tarde en la vida, lo cual significa que con frecuencia tienen hijos más tarde en la vida, después de haber trabajado por años y haber ganado dinero. Entonces, si tienen hijos, tienen menos que en generaciones anteriores. Tener menos hijos y más adelante en la vida tiene un efecto dominó en los estilos de vida familiares. Por una parte, ahora hay más padres con ingresos por ambas partes que pueden distribuir sus recursos entre menos hijos. Y los padres con medios a menudo pueden y están dispuestos a gastar en sus hijos una cantidad de dinero de tamaño adulto que generaciones anteriores ni podía ni quería gastar.

Imaginemos el escenario de una mujer, a la que llamaremos Tracy, que se queda embarazada de su primer hijo con treinta y cuatro años, una edad que ya no es usual para la maternidad joven. Cuando tiene treinta y cuatro años, Tracy ha pasado al menos doce años estableciendo unos ingresos y un estilo de vida antes de que un bebé entre en escena, y lo mismo ha hecho su esposo. A esas alturas, ella ha estado comprando en Starbucks por más tiempo del que puede recordar; la manicura se ha convertido en un evento rutinario, no reservado ya para ocasiones especiales; obtiene millas gratis por sus viajes frecuentes y gastos con tarjeta de crédito; y hace mucho tiempo que pasó a utilizar mejores marcas de las que ella y su esposo podían permitirse cuando tenían veintitantos años.

Cuando tienen un hijo, ese bebé naturalmente se convierte en parte del mundo de sus padres. Como resultado, la hija de Tracy ha estado yendo a Starbucks desde que iba en un cochecito infantil, y no esperará a que llegue el día de su boda para que le hagan su primera manicura. Ya lo ha tenido muchas veces, muchas de las cuales sirvieron como un regalo por acompañar a su mamá a la sala de manicura. Y como Tracy es una mamá trabajadora, siempre busca maneras de emplear el tiempo libre en la compañía de su hija.

Más que nunca, los hijos están involucrados en la toma de decisiones familiar. Esto es particularmente cierto en hogares monoparentales. Y cuando se trata de investigación de productos, algunos niños se consideran a sí mismos los «jefes de investigación» en Google para sus hogares, además de los residentes expertos en tecnología.

Si está usted en el negocio del consumo, vale la pena ver la oportunidad que podría provenir de recibir a consumidores más jóvenes, suponiendo que su producto sea adecuado para compradores menores de dieciocho años. Ejemplos exitosos de ampliaciones de marcas están por todas partes donde miremos: desde Athleta Girl, CLIF KidZbars, Baby Dior, hasta centros turísticos que ofrecen «campamentos» y clubes infantiles. Hay algunas potentes fortalezas trabajando en favor de usted cuando recibe a compradores más jóvenes: está atrayendo a padres con medios económicos que están dispuestos a gastar en sus hijos dinero de tamaño adulto, y a niños que quieren participar en las mismas marcas y actividades que sus padres. Y por si piensa que esta tendencia solo se está produciendo en el mundo de los salones de belleza, la moda y la tecnología, no es así. Solamente dirija su mirada al campo de golf local.

## El efecto miniyo en el golf: un deporte que es también un negocio de servicios

Desde fuera, el golf es un deporte glamuroso y elegante, que se juega en las ubicaciones más hermosas del mundo. Desde dentro, es un negocio de servicios que debe cultivar a la siguiente generación de jugadores para que se desarrollen y crezcan. Las personas que están en primera línea de proporcionar experiencias a los jugadores son los veintinueve mil profesionales de la PGA de América que trabajan en campos y clubes por todo Estados Unidos. Desde proporcionar lecciones hasta dirigir tiendas de golf, cursos y clubes, están en el negocio de ofrecer experiencias estupendas para el jugador que inspiren a los aficionados como nosotros a tomar lecciones, ser miembros de clubes, y renovar membresías. Por lo tanto, ¿cómo están llegando a la siguiente generación de golfistas? Recurren al poder de la conexión padre-hijo.

«Las mujeres son clave para la siguiente generación de golfistas», dice Sandy Cross, directora principal de diversidad e inclusión para la PGA de América. Se debe a que, por lo general, las madres desempeñan un papel importante en determinar las actividades recreativas de sus hijos. La meta de Cross es llevar al deporte a más jugadores provenientes de todo tipo de trasfondos. Para hacerlo realidad hay personas como el profesional de la PGA Ernie Ruiz, director de golf en el club Lago Mar Country Club en Plantation, Florida.

Ruiz me dice que al principio en su carrera profesional, creó un programa junior pensado para llevar a los niños al campo de golf. Sucedió algo inesperado en el camino: también llevó allí a los padres. «Salí fuera para ver a nuestros niños en una clínica y vi a todos aquellos padres y madres sentados por ahí sin nada que hacer», dice Ruiz, que en ese tiempo trabajaba en otro club diferente en Florida. «De modo que creamos una clínica acompañante para los padres. Muchos de ellos no habían jugado golf antes; estaban allí apoyando a sus hijos, pero no eran necesariamente golfistas. La clínica les dio un primer paso de entrada en el juego».[5] *Voilá*: la creación de un programa paralelo para atender a padres e hijos al mismo tiempo.

Hay muchas posibilidades para programas paralelos en los negocios de servicios. Pensemos en peluquerías que ofrecen citas paralelas para padres e hijos; o en gimnasios que ofrecen clases de acrobacias para niños mientras mamá o papá asiste a una clase de yoga a la misma hora, en lugar de quedarse sentados en sus vehículos matando el tiempo antes de recogerlos. ¿Hay oportunidades para que su negocio aproveche el «efecto miniyo»?

## IDEAS CLAVE

- Contrariamente a las generaciones anteriores, padres e hijos ahora quieren las mismas marcas, productos y servicios. El potencial para el crecimiento empresarial a lo largo de la «edad de la elasticidad» existe en muchos productos y servicios, gracias al efecto miniyo.

- Los niños son mucho más activos y participan en la toma de decisiones familiares más que en generaciones anteriores. Desde temprana edad se fijan en las marcas, y como nativos digitales, algunos niños se consideran a sí mismos «jefes de investigación» de producto para sus hogares.

## ACTIVE SUS IDEAS

- Considere cómo esta tendencia podría ser una oportunidad para que su negocio crezca. ¿Tiene sentido para su marca subir o bajar en el espectro de edades? ¿Hay una oportunidad de ofrecer «programación paralela» para niños y también para padres?
- Las mascotas son también parte de la familia, y es un sector de rápido crecimiento en la economía de consumo. Determine si su negocio tiene una oportunidad aquí también.

## TENDENCIA 3: CONTAR HISTORIAS EN IMÁGENES

Una imagen vale más que mil «me gusta». La vida se ha convertido en una gran oportunidad fotográfica esperando tomarse. Gracias a las redes sociales, muchas personas van por ahí con una «lista de instantáneas» mental en sus cabezas, formando constantemente escenas que serían fotografías o videos estupendos para subirlos a la Internet (también piensan en pies de fotos). Utilizando las cámaras de nuestros teléfonos, todos estamos grabando el documental de nuestras propias vidas; y después, con frecuencia lo subimos a las redes. Con las mujeres dominando las mayores redes sociales, ¿cómo puede ser su negocio parte de la tendencia a contar historias en imágenes e inspirar a las personas a documentar sus compras y experiencias en su negocio?

Llegó a las noticias internacionales cuando un centro turístico de cinco estrellas en las Maldivas comenzó a ofrecer «mayordomos de Instagram» para ayudar a los clientes a captar las instantáneas perfectas para sus redes sociales.[6] En retrospectiva, la idea de los mayordomos de Instagram parece una inevitabilidad. Cuando alguien compra un producto o tiene una experiencia que considera particularmente emocionante o importante, con frecuencia relata la historia mediante fotografías y videos, tanto que es casi como si pudiéramos plantear un nuevo tipo de pregunta existencial: si compró algo realmente emocionante pero no subió una fotografía, ¿en realidad lo compró?

Tengo un amigo que es agente de bienes raíces en Texas, y cada vez que cierra la venta de una casa, sube una fotografía con sus clientes de pie a su lado. Los clientes sostienen siempre un cartel donde se lee alguna versión de: «¡Mi agente de bienes raíces es una estrella del rock!». Una vez visité un hotel en Los Ángeles que tenía una alfombra roja y un cartel grande en la entrada. Supuse que aquella noche habría allí algún evento especial, y pregunté el precio de la entrada. La respuesta fue que no había ningún evento especial. El cartel y la alfombra roja estaban ahí para hacer que cada cliente se sintiera como una celebridad; y por supuesto, para ofrecer un telón de fondo irresistible para hacer fotografías y colgarlas en las redes sociales.

Nuestra propensión a contar historias en imágenes ha conducido a la creación de nuevos «minihitos» que las mujeres documentan para compartir incluso el más pequeño de los momentos de la vida. También proporcionan una oportunidad para que usted sea creativo. Por ejemplo, todos estamos acostumbrados a ver fotografías sobre mitos tradicionales de la vida, como la compra de una casa nueva, el primer día de escuela, un recién nacido, un nuevo matrimonio, un auto nuevo. Pero existe toda una franja de «mini» hitos que ahora son catalizadores para contar historias con imágenes, como la revelación del género de un hijo, fotografías semanales y mensuales de recién nacidos, proposiciones de matrimonio filmadas y fotografiadas, la terminación de la decoración de una casa o un proyecto de manualidades, la línea de meta de una carrera de cinco kilómetros, y muchos más. Un vistazo rápido a las publicaciones en sus redes sociales probablemente producirá decenas de otros ejemplos. ¿Cómo puede su negocio o su marca ser parte de los minihitos de su clientela, o ayudar a crear otros nuevos?

Domino's Pizza ofrece un ejemplo estupendo: la empresa tiene un *registro de bebés* en línea (¡un registro de bebés!) que fomenta la idea de enviar pizzas a padres de recién nacidos y a quienes están esperando un hijo, para ayudarles a celebrar minihitos con mensajes divertidos y atractivos, como «Dormir toda la noche. Créanos, es una razón para celebrar»; «Revelación del género: cualquiera de los casos merece una celebración»; y «Alteración hormonal y hambre: la lucha es real»[7] En su propio negocio, ¿cómo puede ser parte del relato de historias con imágenes de las mujeres y entrar en el cuadro para grandes hitos, minihitos, y la compra de su producto?

## IDEAS CLAVE

- Nos hemos convertido en un mundo de relatos de historias en imágenes, filmando los documentales de nuestras propias vidas. Nuestra herramienta es el teléfono inteligente; nuestro medio son las redes sociales.[8]
- Ningún hito en la vida es demasiado pequeño para filmarlo, fotografiarlo, o colgarlo en las redes. Esto es cierto a menudo también para las compras, lo cual presenta una oportunidad para cada marca y negocio.

## ACTIVE SUS IDEAS

- Piense en maneras creativas de inspirar a la clientela femenina a incluirlo a usted, sus productos o servicios en sus publicaciones en redes sociales.
- ¿Cómo puede usted ser parte de la nueva ola de minihitos en nuestra cultura?

## TENDENCIA 4: SALUD Y BIENESTAR COMO UN ESTILO DE VIDA

«¿Es bueno para mí o es malo?».

Ese es el tipo de pregunta que antes estaba reservada para comprar comida y productos farmacéuticos. Ya no es así. El bienestar ha pasado a la corriente dominante. Ha surgido como un componente clave para la toma de decisiones de consumo en todas las categorías de industrias,[9] ya estemos hablando de pinturas amigables para los alérgicos, champús veganos, o camisetas para nadar recubiertas de protección solar. El énfasis en el bienestar tiene una relevancia particular para las mujeres, que constituyen el ochenta por ciento de las decisiones sobre el cuidado de la salud para sus familias y son la fuerza consumidora que impulsa la revolución de la salud y el bienestar.[10]

Hablando en términos generales, el bienestar es un concepto que abarca todo, desde salud y estar en forma hasta espiritualidad, simpatía hacia lo ecológico, y enriquecimiento de mente y cuerpo. Dada la enormidad de esta macrotendencia, vale la pena preguntar: ¿hay atributos de salud y bienestar sin explotar en su propio negocio? Darles vida podría significar ventas añadidas, cuota de mercado, y razones para comprar. Así ha sido para Westin Hotels, y hay muchas ideas de la innovación de la marca en esta categoría que pueden servir de inspiración para la de usted.

## El bienestar en Westin

El lanzamiento de la cama celestial Westin en 1999 hizo que toda una generación se replanteara sus opciones de alojamiento. Westin Hotels & Resorts, una de las marcas escaparate de Marriott International, ha anclado su marca en el bienestar desde ese icónico momento de mercadotecnia. La cama fue un movimiento revolucionario solo al mirar en retrospectiva: diferenciar una cadena hotelera prometiendo una noche de sueño estupenda. El legado de la cama celestial, y la cama en sí, permanece como un testimonio de la transformación de la experiencia del cliente de la industria hotelera moderna.

*Legado 1:* Camas celestiales se lanzó con edredones blancos, un movimiento valiente en una industria que se había apoyado por mucho tiempo en las mantas oscuras y con dibujos para ocultar las manchas. La ropa de cama blanca indicaba a los huéspedes que podían tener una confianza suprema en la limpieza de las camas. Toda la industria siguió ese camino: ahora la ropa de cama blanca es estándar en los hoteles de lujo.

*Legado 2:* Westin estaba dispuesto a venderle la cama si a usted le gustaba, hasta las almohadas y las sábanas. Este fue un concepto extraordinario en aquella época. Hasta la fecha, se puede comprar la cama y otros productos de firma de los hoteles Westin, incluido el relajante aroma de sus vestíbulos.

La idea de dormir bien fue el inicio de un compromiso más amplio por parte de Westin con el bienestar en todas sus formas. La experiencia del cliente de la marca se basa ahora en seis pilares de bienestar que tienen un gran atractivo para los consumidores actuales, especialmente las mujeres. Esos seis pilares son:

- Dormir bien
- Comer bien
- Moverse bien
- Sentirse bien
- Trabajar bien
- Jugar bien

«Nuestra meta es ayudar a los clientes a que se vayan del hotel sintiéndose mejor que cuando llegaron», dice Brian Povinelli, vicepresidente y líder global de marca de Westin.

### *Ayudar a los viajeros a seguir con sus rutinas de ejercicio*

Digamos que se ha olvidado su ropa de deporte mientras está de viaje o que no pudo meterla en una maleta sin facturarla. Westin ofrece un programa en el cual puede tomar prestada ropa, zapatillas y calcetines nuevos de la marca New Balance (en tallas para mujeres y hombres) por una cuota de cinco dólares, y puede quedarse con los calcetines. No es necesario meter a empujones esos abultados tenis en una maleta pequeña.

«Comenzamos ese programa justamente cuando las aerolíneas comenzaban a cobrar por el equipaje facturado», dice Povinelli. «Observamos que muchas personas se dejaban la ropa deportiva, de modo que colaboramos con New Balance y encontramos una solución». Como extra, los clientes no tienen que empacar ropa sucia y sudada y regresar con ella a su casa.

Ahora digamos que usted se ha puesto esas zapatillas deportivas marca New Balance y quiere salir a correr pero no sabe dónde ir. Después de todo, usted no vive en esa ciudad. Westin creó el puesto de «conserje de carreras» en muchas de sus ubicaciones (doscientos conserjes y aumentando) para dirigir grupos de carreras para los clientes. Si es usted el tipo de persona que prefiere correr en solitario, sencillamente puede seguir una de las rutas de carrera que Westin y New Balance han mapeado para cada una de las ubicaciones del hotel.

Dentro de los hoteles ha habido un énfasis en el diseño y la ampliación de los gimnasios. «Históricamente, los gimnasios de los hoteles eran a menudo habitaciones de invitados remodeladas: cuartos oscuros con alfombras y techos bajos», dice Povinelli. «Hemos sido líderes en cambiar el paradigma: nuestros Estudios de Ejercicio Westin tienen más la sensación de ser un gimnasio de una parte externa. Todos ellos ofrecen equipo TRX, y muchos de nuestros hoteles ofrecen bicicletas Peloton que los clientes pueden reservar con antelación».

El ejercicio es solo un aspecto de la plataforma del bienestar. Westin también ofrece un menú de «súper alimentos» en colaboración con SuperFoodsRx, espacios de trabajo y salas de reuniones diseñados para mejorar la productividad, e incluso un «Bálsamo de lavanda» para dormir bien que los clientes pueden aplicarse en las sienes y las muñecas antes de irse a la cama para ayudarles a dormir. La lista es larga.

«Ofrecemos de cinco a quince programas bajo cada pilar», dice Povinelli. Como la idea que tiene usted del bienestar puede diferir de la mía, Westin atiende una amplia variedad de necesidades.

## IDEAS CLAVE

- La salud y el bienestar son potentes motivadores para la toma de decisiones de las mujeres, en todas las industrias.
- Existe un número inmenso de maneras de aportar salud y bienestar a la vida, porque el «bienestar» puede definirse muy ampliamente.

## ACTIVE SUS IDEAS

- Identifique las tendencias en salud y bienestar que influencian a su clientela femenina ahora. ¿Hay alguna cualidad latente de salud y bienestar que puede aprovechar dentro de su propio negocio?
- ¿De qué maneras puede demostrar que su producto o servicio es «bueno para usted»? Anote tantos como pueda.

## TENDENCIA 5: LOS SESENTA SON LOS NUEVOS CUARENTA

A mi amiga Gina le gusta bromear con que recibirá su tarjeta AARP mientras sus hijos estén aún en la escuela primaria. Para quienes no estén familiarizados con las siglas AARP, es la organización antes conocida como la Asociación Americana de Personas Jubiladas; sus tarjetas de membresía son infames por aparecer en buzones de correo estadounidenses o en torno al cincuenta cumpleaños de alguien. Gina dio a luz cerca de los cuarenta años de edad. Ahora tiene cincuenta y se ríe de la idea de recibir mensajes sobre jubilación en una etapa de la vida en la que aún organiza fiestas de cumpleaños con temática de súper héroes y está ahorrando para las matrículas universitarias de sus hijos.[11]

Gina es un ejemplo perfecto de cómo apoyarse en la edad para definir el estilo de vida de alguien y sus patrones de gasto puede ser engañoso, en especial cuando se trata de las mujeres. La etapa de la vida es un indicador mucho más importante de los deseos y necesidades de una mujer que la fecha que aparece en su certificado de nacimiento. Esa mujer de cincuenta y tantos años que camina por la calle podría ser una madre con hijos adultos que ya no viven en su casa, o la madre de un hijo en edad de primaria, o tal vez no tenga hijos. Con mayores índices de soltería, «divorcios con canas», matrimonios más adelante en la vida, y también hijos y la formación de un hogar, y el fenómeno de múltiples actos en nuestras vidas profesionales y personales, las viejas reglas sobre lo que caracteriza a una persona de sesenta años, por ejemplo, ya no se aplican.

Pero es difícil que los estereotipos mueran, de modo que vamos a intentar desbancar algunos aquí: las personas de cincuenta años o más, lo cual incluye a miembros de la generación X, tienen un asombroso ochenta y tres por ciento de la riqueza de los hogares estadounidenses.[12] Dominan todo el gasto de consumo en Estados Unidos,[13] en categorías que incluyen bienes no duraderos, bienes duraderos, servicios, vehículos de motor y sus partes, servicios financieros, cuidado de la salud, y bienes del hogar.[14] Las mujeres impulsan el gasto de consumo en este grupo de edad al igual que lo hacen en todos los otros grupos, aunque uno nunca lo sabría por las imágenes que vemos en las campañas.

Culturalmente, sabemos que los hombres con canas en las sienes son considerados frecuentemente como «distinguidos», mientras que muchas mujeres mayores no son consideradas de ningún modo. Literalmente. Basándome en mi investigación, y en la investigación de muchos otros, las mujeres de cincuenta y cinco años o más se describen a menudo a sí mismas como generalmente invisibles en el mercado. Las mujeres maduras dicen que con frecuencia reciben poco contacto visual e incluso menos atención cuando están en el mercado. No tomar en serio a estas mujeres es un gran error.

Cuando se trata de mujeres maduras en el mercado de consumo, la fase de nido vacío es un periodo en el que muchas sienten que finalmente pueden poner en primer lugar sus propias necesidades. Yo llamo a las mujeres que están en esta etapa de la vida la generación «hazte tu propia cena». Puede ser un periodo de la vida emocionante. En mis entrevistas, por rutina oigo a mujeres decir cosas como: «He ocupado el viejo cuarto de mi hijo Tommy y lo he convertido en mi oficina». «Estoy planeando el tipo de vacaciones que siempre he querido tener». «Me estoy librando de los muebles de mi salón para comprar algo bonito». He conocido a muchas mujeres en este grupo de edad que viajan frecuentemente con amigas porque sus esposos no están interesados en viajar. No dejan que eso les detenga.

Y sin embargo, pocos negocios enfocan este mercado como si la madurez fuera un periodo emocionante en las vidas de las personas. Preste atención el tiempo suficiente, y tendrá la impresión de que anunciar y vender a audiencias con más edad consiste casi en su totalidad en discursos sombríos, y a menudo condescendientes, de cuidado de la salud, pañales para adultos, suplementos, y servicios financieros.[15] Se reconoce poco que una parte enorme del mercado de las personas de más de cincuenta años es jovial, activo y comprometido, y se están volviendo emprendedores prácticamente al mismo ritmo que los mileniales.[16] Existe una brecha de productos y servicios entregados con estilo, frescor y entusiasmo por el futuro.

¿Y quién ha intervenido para llenar esa brecha? No es otro que Jimmy Buffett.

Sí, ha leído bien: Jimmy Buffett, el cantante y magnate de los negocios famoso por construir un imperio sobre la fantasía de escapar a los trópicos con un margarita en una mano y una hamburguesa con queso en la otra. Su empresa abrió su primera comunidad de jubilación con el tema Margaritaville para personas de «cincuenta y cinco años y mejores» en 2018.

## Remodelar esta etapa de la vida como Margaritaville

El nombre oficial de la comunidad de jubilados creada por la empresa de Buffett es Latitude: Margaritaville, y es un lugar donde las personas pueden «envejecer pero no crecer», como dice la letra de una canción de Buffett. La iniciativa es una colaboración entre Margarita Holdings, LLC (el restaurante, hotel, y empresa de ocio en la que Buffett es el accionista mayoritario) y Minto Communities USA, una constructora con más de sesenta años en el negocio. Podemos llamarlo hamburguesas con queso, y envejecer, en el paraíso. Mientras escribo estas líneas, hay dos ubicaciones en desarrollo: Daytona Beach (Florida) y Hilton Head (Carolina del Sur). Una tercera ubicación se está planeando para Watersound (Florida), en un enclave del estado.

Las comunidades prometen un estilo de vida tropical lleno de cabañas de playa, bares con techos de paja, y música en directo cada día. Hay incluso un parque canino interactivo y un spa para mascotas llamado Barkaritaville. Con el anuncio de Latitude: Margaritaville, Jimmy Buffett y la empresa de repente hicieron que fuera genial estar en una comunidad de jubilados, una hazaña que (se puede decir) nadie más ha logrado. Se debe a que ellos no solo venden un lugar para vivir: venden un estado mental.

«Estamos poniendo patas arriba el segmento del adulto activo», dice William Bullock, vicepresidente principal de Minto Communities USA, y el ejecutivo principal que supervisa el desarrollo. «La idea de que las personas mayores quieren ofertas especiales para los primeros, se van a la cama a las 6:00 de la tarde, y están en la sala de espera del cielo, nada de eso es cierto. Es lo contrario de lo que estamos experimentando con este grupo de compradores. Estas personas quieren socializar, divertirse y seguir enriqueciéndose a sí mismos mediante la educación. Son energéticos, son sociales, están enfocados en el bienestar y el ejercicio, y les gusta viajar».

Cuando este libro fue a la imprenta, más de ciento veinte mil personas se han inscrito para recibir actualizaciones sobre el proyecto Latitude: Margaritaville. Y no todas estas personas son «Papagallos», el término para los seguidores serios de Jimmy Buffett. De hecho, la investigación interna de la empresa muestra que el setenta y cinco por ciento de las personas en su base de datos nunca han visitado la página web corporativa de Margaritaville, un destino popular para los seguidores de Buffett. Lo que esto significa es que Latitude: Margaritaville ha entrado en un mercado mucho más amplio. La oficina rentada de la comunidad en Daytona Beach es tan popular que se ha convertido en cierto tipo de atracción turística.

### *Son las cinco en punto en algún lugar*

Cuando oí sobre Latitude: Margaritaville, tuve que verlo con mis propios ojos, así que fui a Daytona Beach, unas pocas semanas después de que se mudaran los primeros residentes de la comunidad. La comunidad está en el corazón del campo de golf aquí, y cuando Bullock me llevó por LPGA Boulevard, lo primero que vi fue una torre de socorrista, el símbolo de Daytona Beach, marcando la entrada a la comunidad. Nos dirigimos a un barrio acogedor de casas de colores pastel de estilo casita de playa. Por todas partes había grupos de albañiles. Cuando nos bajamos del auto, oí música de los Beach Boys sonando por la comunidad en el canal Margaritaville en Sirius XM Radio, preparando el ambiente para posibles compradores. Los recorridos por casas piloto comienzan bajo una estructura con techo de paja que está en lo alto de la calle. La participación sensorial y la infusión de marca en esta comunidad es evidente en cada detalle. A continuación tenemos algunos ejemplos de cómo la marca cobra vida en la experiencia:

### Nombres de calles

- Patio Sandalias
- Calle San Algún Lugar
- Adosados Tiki
- Avenida Brisa Isleña

### Nombres de modelos de casas

- Aruba
- Bimini
- San Bart
- Nevis

*Servicios*

- Gimnasio ¡Aletas arriba!
- Barkaritaville
- Teatro Último Mango
- Plaza Ciudad Latitud
- Piscina Paraíso
- Bar Son las 5 en Algún Lugar

Con sesenta y nueve casas (en el proyecto de Daytona Beach), un supermercado, consulta médica, carreteras, tráfico, alcantarillado, restaurantes y comercios minoristas, Bullock y su equipo están construyendo básicamente una marca: ciudad Margaritaville. Bullock reconoce el reto. «Tenemos que satisfacer las expectativas del cliente en tres dimensiones», dice. Para ayudar a hacer realidad la visión de Latitude: Margaritaville, me dice que la empresa contrató a un veterano de la empresa Ritz-Carlton Hotel para unirse al equipo y ayudar a desarrollar estándares y protocolos para la experiencia del cliente. Es solamente el inicio de una manera nueva de hablar a la generación más mayor y atenderla.

## IDEAS CLAVE

- Tenemos que desechar viejos estereotipos sobre el segmento de población de más de cincuenta y cinco años. Tener sesenta y cinco o setenta años no significa lo mismo que hace una generación atrás. Las personas se mantienen activas, sociales y joviales más que nunca antes,

especialmente las mujeres. Este es también el grupo de
edad que tiene la mayor parte del dinero.
- Hay una brecha de «tranquilidad» y estilo en productos y
servicios dirigidos a este grupo de edad, especialmente
para mujeres.

## ACTIVE SUS IDEAS

- Determine si está incorporando bien a este grupo de
potenciales clientes. ¿Está su enfoque en sintonía con la
realidad de sus vidas? ¿De qué maneras podría promover
oportunidades de «reinvención» y experiencias para este
mercado de clientes?
- Las mujeres de la generación baby boomer son una fuente
fiel de referentes para las personas y los negocios que
les dan un buen servicio. Sea consciente de dar el mismo
estándar elevado de servicio atento a toda su clientela
femenina, sin importar cuál sea su edad.

## TENDENCIA 6: PERSONALIZACIÓN:
## «YO SOY MI PROPIA MARCA»

La directora de funeraria Tasha Parker tuvo antes un empleo bastante predecible: trabajaba en una funeraria. Día tras día, ayudaba
a las familias a organizar servicios que no habían cambiado mucho

en años: un ataúd a la vista seguido por un servicio religioso seguido de un entierro en un cementerio. Las personas que querían una incineración recibían las cenizas de su ser querido en una urna, realizaban un servicio homenaje, y se iban a su casa.

Eso era entonces.

Ahora, Parker trabaja para Everest Funeral Concierge, el primer servicio de conserjería funeraria en Norteamérica. «Las cosas son muy distintas», dice Parker. «Las personas ponen los restos incinerados en cohetes. Realizan servicios en memoria de ellos en parques. Hacen piezas de joyería con los restos incinerados. Sueltan globos con restos incinerados en su interior. Nuestro lema es que mientras sea legal y realizable, nosotros conseguiremos hacerlo».

Como muestra la experiencia de Parker, vivimos en la era de la personalización, un cambio en la sociedad al que denomino «Yo soy mi propia marca». Normalmente, oímos sobre personalización en el contexto de la tecnología, el comercio electrónico, y servicios como Netflix, pero el deseo de hacerlo va más allá y llega hasta todo tipo de servicios, incluso los funerarios. Ver cómo una empresa logra la personalización en la industria funeraria nos da un ejemplo gráfico de cuán profundamente puede impulsar la participación emocional en cualquier negocio.

En este punto puede que piense: *Un momento; demos un paso atrás. ¿Qué es un servicio de conserjería funeraria? ¿Acaso he de saberlo?*

Everest creó la categoría de conserjería funeraria; es una empresa con base en Houston que alteró la industria funeraria proporcionando una organización funeraria independiente, según demanda y personalizada. Los servicios de la empresa pueden utilizarse con cualquier funeraria en el mundo, y normalmente se incluyen como parte de un plan de seguro de vida: veinticinco millones de personas en Estados Unidos y Canadá tienen a Everest como parte de su póliza de seguro de vida, ya sea mediante su empleador o mediante su póliza individual. Everest llenó una necesidad de dirección en el mercado en cuanto a realizar el que es con frecuencia el tercer gasto más elevado en la vida de alguien, detrás de la compra de una casa y de un vehículo.[17]

«Tenemos seis meses para planear una boda y seis horas para planear un funeral», dice Mark Duffey, fundador y director general de Everest. «El proceso es opaco, y la mayoría de las personas tienen poca o ninguna experiencia en planear un funeral. Encajar toda esa falta de información en una ventana breve de toma de decisiones no es aceptable para los consumidores actuales, de modo que construimos un modelo de negocio en torno a convertirnos en el defensor independiente de los consumidores. La mayoría de nuestra clientela la forman mujeres, de modo que Everest se pensó para satisfacer sus necesidades». Este enfoque en las mujeres fue lo primero que me llevó a Everest, con quien trabajo como cliente de mi firma.

Así es como funciona. Un asesor de Everest trabaja con un cliente para determinar qué le gustaría hacer a la familia por su ser querido. ¿Un funeral tradicional? ¿Una incineración? ¿Un evento especial en un lugar que significó algo para el fallecido? Cuando se toma una decisión, Everest contactará algunas funerarias en nombre del cliente y negociará un precio competitivo. Desde ahí, el asesor de Everest trabaja con la funeraria para coordinar todos los elementos del servicio, incluyendo la creación de materiales personalizados como obituarios, diapositivas, videos, y listas de reproducción. Si un cliente quiere paracaidistas y gaitas, o un almuerzo en un restaurante favorito con servilletas personalizadas y una bebida conmemorativa, el asesor coordinará también esas actividades. Un diferenciador importante para Everest es que sus agencias aseguradoras colaboradoras envían un cheque para cubrir los costos funerarios en dos días, en lugar del marco de tiempo normal de un mes, lo cual ayuda a eliminar una fuente enorme de estrés en los funerales: el dinero.

Muchas personas se privan ahora de funerales tradicionales y realizan celebraciones de vida que reflejan de modo único los intereses y pasiones de sus seres queridos. Esto es una señal de los tiempos. Las personas quieren ser capaces de diseñar sus propias experiencias, en la vida y también en la muerte, y es tan cierto en servicios entre empresas como en el mercado de consumo, y es especialmente cierto de las mujeres. Aún estamos en las primeras etapas de la tendencia a la personalización, y está aumentando de modo exponencial. ¿Cómo puede su negocio ser parte de ella?

## IDEAS CLAVE

- La personalización impulsa la participación. La capacidad de ofrecerla puede alterar industrias, como ha hecho Everest en el negocio funerario.
- La personalización tiene un gran atractivo para el consumidor, particularmente para las mujeres, que son la clientela principal de Everest.

## ACTIVE SUS IDEAS

- Determine dónde podrían encajar opciones personalizadas en su cartera de productos o servicios, y los tipos de recursos que serían necesarios para llevar al mercado esas opciones.
- Examine si sería adecuado o factible para su negocio proporcionar niveles personalizados de servicio o una oferta estilo conserjería según demanda.

Ahora que hemos cubierto seis de las mayores tendencias que impactan las decisiones de compra de las mujeres, tiene usted todas las piezas en su lugar para crear estrategias que serán relevantes para su clientela femenina y futuros clientes. Vamos a recapitular:

1. Doble obligación, la mitad de tiempo
2. El efecto miniyo
3. Contar historias en imágenes
4. Salud y bienestar como un estilo de vida
5. Los sesenta son los nuevos cuarenta
6. Personalización. «Yo soy mi propia marca»

Es el momento de unir todo lo que hemos cubierto para comenzar a planear y ejecutar sus nuevas estrategias para hacer crecer su negocio. Concluiremos nuestro tiempo juntos con un plan de acción para la mañana del lunes.

# CAPÍTULO 9

# SU PLAN DE ACCIÓN PARA LA MAÑANA DEL LUNES

Hemos cubierto mucho territorio en este libro. Usted ha aprendido docenas de ideas zpara usar su propia personalidad y sus fortalezas para conectarse con los clientes; inspírelos a hacer negocios con usted; a infundir confianza; y a mostrar aprecio. Con eso usted ha generado sus propias ideas a lo largo del camino.

El Marco de los cuatro motivadores le da una herramienta atemporal para hacer crecer su negocio involucrando a las mujeres como clientela. Como hemos visto, muchas de las estrategias son lo bastante amplias para ser atractivas para los hombres también, proporcionando así una experiencia inclusiva para todos sus clientes.Ha escuchado de importantes marcas, negocios y líderes en ventas que enfocan la oportunidad de mercado de las mujeres de maneras creativas, desde crear nuevas tecnologías, como Sephora, crear nuevos modelos de negocio, como Everest, hasta atender a las familias modernas, como la industria del golf.

Las seis tendencias han proporcionado contexto para ver cómo están viviendo y comprando las mujeres en este momento en nuestra cultura, para ayudar a asegurar que sus prácticas de negocio sean tan relevantes como puedan ser. Ahora la pregunta es: ¿por dónde comenzar? Y para aquellos que ya tienen en marcha esfuerzos en ese sentido, ¿dónde pueden profundizar y ampliar sus inversiones?

Recomiendo el plan de acción siguiente para dar vida a esos esfuerzos en su propio negocio. Sirvan estos pasos como puntos de inicio o de comprobación para usted, saber dónde está su negocio proporciona un fuerte cimiento desde el cual crecer.

## ACCIÓN I: MARCAR PUNTOS DE REFERENCIA Y ESTABLECER METAS.

En el capítulo 1 usted evaluó su negocio en una escala de 1 a 10 en términos de su eficacia en conectarse con las mujeres consumidoras. Utilice esa cifra como punto de referencia hacia adelante. ¿Cómo se vería un «10» para usted, y qué acciones tendrían que producirse para que usted llegue a ese número? ¿Cuánto tiempo tomaría? Desde ahí, determine cuál es la división actual de género de su base de clientes. Esta cifra puede servir como su segundo punto de referencia. Establezca metas específicas: al seguir el Marco de los cuatro motivadores de este libro, ¿qué tipo de crecimiento de clientela podría esperar ver en un año? ¿Y en cinco años? ¿Y qué significan esas cifras en términos de potenciales aumentos de beneficios para su negocio?

## ACCIÓN 2: OBTENER UNA COMPRENSIÓN PROFUNDA DE RETROALIMENTACIÓN DE SU CLIENTELA EXISTENTE.

¿Qué tipo de retroalimentación está recibiendo actualmente de su clientela femenina? ¿Difiere de la de sus clientes varones? Si tiene disponible ese análisis, examine la división por género de la retroalimentación del cliente y busque oportunidades para mejorar el servicio. ¿Puede aprovechar una o más de las seis macrotendencias para llevar al siguiente nivel las experiencias del cliente? Si trabaja con colaboradores minoristas, pida su ayuda en proporcionar información que le ayudará a entender mejor cómo ven sus clientes las experiencias de servicio en esos canales. Cuando sea posible, colabore con ellos para llevar al siguiente nivel las experiencias del cliente.

## ACCIÓN 3: ESCUCHE LO QUE LA CLIENTELA FEMENINA DICE EN LAS REDES SOCIALES.

Si usted representa a una marca, la gente habla de ella en las redes sociales. Tanto como pueda, aproveche las herramientas de escuchar en redes para determinar cómo hablan las mujeres sobre su negocio en la Internet. ¿Cuán involucradas están en la categoría de su industria? ¿Qué marcas mencionan más? ¿Qué dicen sobre sus competidores? ¿Qué les gusta? ¿Qué les frustra? Visite páginas web relevantes y canales sociales para descubrir cómo están hablando las mujeres sobre su negocio. Utilice esas ideas para fundamentar su estrategia de experiencia del cliente.

## ACCIÓN 4: IDENTIFIQUE LO QUE YA ESTÁ FUNCIONANDO BIEN, Y HAGA MÁS DE ESO.

Su negocio ya es exitoso en involucrar a las mujeres como clientes en cierto nivel. Ahora que tiene un nuevo conjunto de ideas, puede analizar mejor por qué algunos aspectos de su negocio quizá tengan más atractivo que otros para las mujeres consumidoras. ¿Cuáles son los elementos que ya están funcionando bien? Cuando los haya identificado, encuentre maneras de replicar o ampliar esas iniciativas. Si tiene miembros de su equipo que son exitosos en esas áreas, trabaje con ellos para documentar y enseñar sus mejores prácticas al resto de su equipo.

## ACCIÓN 5: REALICE SU PROPIA INVESTIGACIÓN.

Verifique que las ideas de su clientela están actualizadas. Los viajes de los consumidores cambian con rapidez. Probablemente tenga competidores hoy que no existían hace tres décadas. Su clientela femenina tiene nuevas expectativas también. Si su firma no ha realizado investigación de mercado con las mujeres en los últimos tres años, es momento de salir al campo.

Si va usted solo, hay muchas maneras sencillas y baratas de realizar su propia investigación. Una de ellas es programar tiempo para hablar con sus clientes (y exclientes) más importantes para escuchar sus puntos de vista sobre asuntos de la industria y los productos y servicios que más necesitan. Esas conversaciones podrían darle nuevas ideas para ampliar su negocio. También hay disponibles muchas herramientas de sondeo que no son caras. Encuentre un método de investigación que funcione para usted, y haga que sea su meta conocer mejor que nadie a su clientela.

## ACCIÓN 6: EVALÚE SUS MATERIALES Y ESPACIOS DE CARA A LA CLIENTELA.

Armado con sus nuevas ideas, evalúe sus espacios físicos y también sus materiales de mercadotecnia, carteles y diseño de su página web. ¿Tiene una representación inclusiva de hombres y mujeres, tanto en palabras (incluido el uso de pronombres) como en imágenes? ¿Están actualizadas las fotografías, o se ven desfasadas y estereotipadas? Si tiene dudas, obtenga retroalimentación sobre sus materiales de mercadotecnia actuales de un grupo representativo de mujeres que le darán sus sinceras opiniones. Desde un punto de vista del espacio físico, determine qué zonas de su espacio físico son más fáciles de mejorar y qué zonas requieren una inversión a largo plazo. Si pudiera hacer una sola cosa para que su espacio sea más atractivo para las mujeres, ¿cuál sería?

## ACCIÓN 7: CAPACITE A SUS EQUIPOS Y FORTALEZCA SU DIVERSIDAD.

Si su negocio tiene un programa formal de formación en ventas, asegúrese de que englobe puntos de vista de las mujeres al igual que el de sus clientes varones. Sin un programa inclusivo, sus colegas corren el riesgo de perder habilidades de comunicación que les permitirán conectarse con este mercado crucial y, en el peor de los casos, pueden aislar precisamente a las personas que intentan atraer.

Una idea para un inicio rápido: piense en crear una junta asesora femenina de clientes o personas influyentes, que ahora llaman *influencers, y solicite los comentarios del grupo.*

Esfuércese por tener equipos más diversos y más equilibrados en cuanto a género, tanto internamente como externamente, con agencias colaboradoras y proveedores incluidos. La investigación muestra que los equipos con géneros equilibrados logran mejores resultados. McKinsey and Company ha demostrado que las empresas que están en el principal cuartil en diversidad de género tienen un quince por ciento más de probabilidades de tener beneficios económicos por encima de la mediana de su respectiva industria nacional.[1]

Como hemos visto en este libro, la ausencia de unos lentes femeninos en las estrategias de negocio es un punto ciego que las empresas a menudo descubren cuando es demasiado tarde, tras haber fracasado a la hora de conectarse con su audiencia.

## ACCIÓN 8: PILOTAR. REPETIR. PILOTAR. REPETIR.

Hay decenas de ideas en este libro, y ni siquiera incluyen todas las que se le han ocurrido a usted mientras lo leía. Algunas de ellas serán apropiadas para su negocio, y otras no lo serán, pero es de esperar que todas ellas le hayan hecho pensar en una nueva dirección. Armado con estas nuevas ideas y el Marco de los cuatro motivadores, pruebe nuevos conceptos, productos e ideas. Y después repita el proceso. Recuerde que las estrategias a corto plazo son el enemigo del éxito. Si un primer esfuerzo fracasa, pruebe otra cosa, porque una vez no es suficiente. Con frecuencia he oído decir a ejecutivos: «Intentamos aumentar nuestras cifras de mujeres compradoras, pero no funcionó». Inevitablemente descubría que habían probado una iniciativa una sola vez, y cuando no fue un éxito inmediato nunca volvieron a hacer nada.

Repita.

## ACCIÓN 9: MEDIR.

Con puntos de referencia (creados en la Acción 1) es mucho más fácil medir el impacto de las iniciativas nuevas. Determine cuántas áreas de su negocio puede marcar, y comience el proceso para el año actual. Esfuércese por construir sobre su éxito cada año, y mantenga el compromiso de fomentar un enfoque más inclusivo en toda su organización.

## ACCIÓN 10: MANTENER LA RELEVANCIA PARA LAS MUJERES CONSUMIDORAS EN EL LARGO PLAZO.

Ahora que concluimos nuestro tiempo juntos, permítame añadir una última sugerencia, y en cierto modo inusual, para alcanzar el éxito en el largo plazo: salga de su oficina o entorno de trabajo, al menos temporalmente.

Hace muchos años atrás trabaje para un jefe estupendo que me dijo algo que nunca he olvidado. Llegó a nuestras oficinas un día y me encontró trabajando en mi escritorio. Frunció la frente, y dijo: «Siempre me pone triste verla en su escritorio. No quiero verla aquí. Quiero ver un sillón vacío y saber que está usted en el campo, hablando con nuestros clientes y encontrando otros nuevos. No los encontrará detrás de este escritorio».[2] Sus palabras tuvieron impacto en mí. Comencé a entender que las personas más exitosas que yo conocía eran las que tenían como prioridad salir de la oficina y pasar tiempo con sus clientes y posibles clientes. Visitaban a colaboradores y distribuidores minoristas; tenían sus propios seminarios; sacaban tiempo para ir a eventos de trabajo en red, eventos municipales, y conferencias. Participaban en el mundo en el que vivían sus clientes.

¿Quién tiene tiempo para eso? Usted lo tiene. Yo lo tengo. Todos, desde presidentes hasta deportistas profesionales, tienen las mismas veinticuatro horas en un día que tenemos también nosotros. Participar externamente es una de las mejores maneras de mantenerse relevante para las mujeres, porque sus patrones de compra, y la cultura femenina, cambian todo el tiempo. A continuación tenemos un par de estrategias específicas para salir y acercarse a su clientela femenina:

## Participar en la cultura femenina.

Pase una mañana o una tarde visitando a minoristas con tiendas de ladrillo y cemento que sean populares entre las mujeres en su base de datos. Observe las maneras en que esas tiendas se comunican mediante lenguaje, imágenes, mercadotecnia, y atención al cliente. ¿Qué lecciones se pueden aprender?[3]

Los libros de negocios son vitales (por favor, permítame darle las gracias por comprar este), pero no detenga aquí su lectura profesional. Consulte las listas de *bestsellers* al menos una vez al mes para mantenerse al corriente de lo que leen las mujeres, y márquese como meta leer autobiografías de autoras contemporáneas. Hay demasiadas autoras fantásticas para enumerarlas aquí, pero si no sabe por dónde comenzar, pruebe con Bossypants de Tina Fey (New York: Little, Brown, 2011).

Suscríbase o siga las cuentas de redes sociales de publicaciones destacadas para mujeres. No solo le darán ideas sobre cómo se comunican las mujeres entre ellas; le darán también buenos ejemplos de estilos de derecho de autor. Le sorprenderá lo mucho que puede aprender sobre la cultura de las mujeres en los pequeños ratos que hay entre la asistencia a reuniones, subirse a aviones, y esperar a que comiencen conferencias de prensa.

Utilice una estrategia similar para seguir a mujeres influyentes en redes sociales.

Finalmente, dirija su atención a televisión y películas que presenten tramas y protagonistas femeninas. Enchúfese al mundo de la cultura femenina, y se sorprenderá al ver que sus ideas, y sus conversaciones, se vuelven mucho más relevantes.

## Haga viajes de campo.

¿Cuáles son las probabilidades de tener una idea osada y brillante mientras está inclinado sobre su teclado? No tan buenas como si antes ha estado fuera. Cada semana, incorpore tiempo en su calendario para salir al campo al menos una vez. Esto puede significar cualquier cosa: visitar a un cliente, entrar en algunas tiendas minoristas, ir a una conferencia, decir sí a alguien que quiere tomar un café con usted, dar una presentación a una clase en una universidad local, ver una nueva obra de teatro. Recibir nuevos estímulos de nuevas personas y experiencias tendrá un impacto positivo en su trabajo. Conocerá a nuevos clientes. Afilará sus habilidades como observador. También le dará a la casualidad una oportunidad de hacer su magia.[4]

No hay ninguna duda: el dominio que tienen las mujeres del consumo está aquí para quedarse.

Con el Marco de los cuatro motivadores y las estrategias y herramientas presentadas en este libro, está usted preparado para ganarse a la clientela femenina.

# RECONOCIMIENTOS

Los libros crecen igual que lo hacen las plantas. Cada uno comienza como la semilla de una idea, y para que esa idea crezca y florezca para convertirse en un libro, el autor necesita el entorno adecuado. Las siguientes personas han creado ese entorno para mí y han servido como la luz del sol, el agua, y terreno fértil que hicieron posible este libro:

Erik Orelind, mi extraordinario esposo, que removió cielo y tierra para apoyarme en esta empresa y me inspira cada día; Rosemarie Brennan, mi mamá y ejemplo a seguir desde que fui lo bastante mayor para gatear; Mary Ellen Smith, Joe Smith, Chloe Smith, Charlotte Smith, Katy Brennan, Genna Brennan, Caroline Brennan, Patricia Brennan, Bob Orelind, Greger Orelind, Susie Orelind, Alex Orelind, Emma Orelind, Sofia Orelind, Kajsa Orelind, Jackson Lamy, Niklas Lamy, Sylvia Decker, Tom

Decker, Annie Decker, Alexander Decker, Rick Wilson, Rod Keith, Jared Champlin, Greg Brisson, Kevin Toukoumidis, Leslie Ramirez, Jeff Bailey, Nina Szidon, Tom Szidon, Jason Batchko, Lisa Oldson, Heiko Dorenwendt, Anne Marie Carver, Katherine Teske, Susanna Homan, Michelle Sanchez, Grant Deady, Barby Siegel, Joe Versace, Karen Farquhar, Curt Wang, Laurel Bellown, Mark Partridge, Daniel Rogna, nuestros clientes de Female Factor, mis clientes que hablan en todo el mundo, todos los ejecutivos que amablemente compartieron sus historias en este libro, y el gran equipo de HarperCollins Leadership, incluidos Jessica Wong, Amanda Bauch, Jeff James, Sicily Axton, e Hiram Centeno.

# ACERCA DE LA AUTORA

Bridget Brennan es la directora general de Female Factor, la principal consultora en el mundo enfocada en las mujeres consumidoras. Ella es la principal oradora profesional sobre el tema de involucrar a las mujeres como clientes y tomadoras de decisiones. Es también la autora del libro *Why She Buys: The New Strategy for Reaching the World's Most Powerful Consumers* (Crown Business, 2011). En su trabajo, ha hecho investigación con miles de mujeres sobre sus hábitos de compra y sus preferencias, y proporciona asesoría a ejecutivos de Fortune 500 y equipos de ventas sobre desarrollo de estrategias para hacer crecer sus negocios. Fue nombrada «Mujer a observar en la alteración del comercio minorista» por el centro de estudios Remodista y es articulista para Forbes.com. Además, es miembro de la Junta Asesora Femenina Vikings del equipo de fútbol americano de la liga profesional

Minnesota Vikings, y también oradora invitada frecuente en universidades.

En su trabajo en Female Factor, Bridget desarrolló un programa de formación en ventas que se ha implementado exitosamente en importantes empresas por todo Estados Unidos. Con base en Chicago, es una presentadora muy solicitada en conferencias y eventos empresariales por todo el mundo. Conozca más sobre ella en www.bridgetbrennan.com.

# NOTAS

## Introducción

1. Véase, por ejemplo, Michael J. Silverstein y Kate Sayre, "The Female Economy", *Harvard Business Review*, septiembre de 2009, https://hbr.org/2009/09/the-female-economy, citando un sondeo mundial de 2009 del Boston Consulting Group; Bridget Brennan, *Why She Buys: The New Strategy for Reaching the World's Most Powerful Consumers* (New York: Crown Business), 2011. United States Department of Labor, Employee Benefits Security Administration, ficha técnica "General Facts on Women and Job-Based Health", DOL.gov, diciembre de 2013, https://www.dol.gov/sites/default/files/ebsa/about-ebsa/our-activities/resource-center/fact-sheets/women-and-job-based-health.pdf.

2. El concepto de género como comunicación transcultural fue liderado por la estudiosa de la lingüística Deborah Tannen de la Universidad de Georgetown, autora de muchos libros perspicaces sobre el género, incluido *You Just Don't Understand: Women*

*and Men in Conversation* (William Morrow, 1990, 2007). El concepto de aplicar la cultura de género a la mercadotecnia fue popularizado por Marti Barletta, en su libro *Marketing to Women, How to Increase Your Share of the World's Largest Market* (Dearborn Trade Publishing, 2006).

## Capítulo 1: Su mercado de mayor crecimiento ya está aquí

1. Silverstein y Sayre, "The Female Economy" (véase la introducción, n. 1).
2. Bridget Brennan, "The Real Reason Women Shop More Than Man", Forbes.com, 3 de marzo de 2013, https://www.forbes.com/sites/bridgetbrennan/2013/03/06/the-real-reason-women-shop-more-than-men/#5dd4274f74b9.
3. United States Department of Labor, Bureau of Labor Statistics, "Volunteering in the United States, 2015", nota de prensa no. USDL-16-0363, 25 de febrero de 2016, https://www.bls.gov/news.release/volun.nr0.htm.
4. United States Department of Labor, "General Facts on Women and Job-Based Health", (véase intro., n. 1).
5. Brennan, *Why She Buys*, p. 179 (véase intro, n. 1).
6. Para una vista general excelente del tema y referencias a estudios sobre el tema, ver Rose Hackman, "'Women Are Just Better at This Stuff': Is Emotional Labor Feminism's Next Frontier?", *Guardian*, 8 de noviembre de 2015,https://www.theguardian.com/world/2015/nov/08/women-gender-roles-sexism-emotional-labor-feminism.
7. National Center for Education Statistics, Table 318.10. "Degrees Conferred by Postsecondary Institutions, by Level of Degree and Sex of Student: Selected Years, 1869–70 through 2026–27", *Digest of Education Statistics*, marzo de 2017, https://nces.ed.gov/programs/digest/d16/tables/dt16_318.10.asp.
8. ICEF, "Women Are Increasingly Outpacing Men's Higher Education Participation in Many World Markets", 22 de octubre de 2014, http://monitor.icef.com/2014/10/

women-increasingly-outpacing-mens-higher-education-participation-many-world-markets/.

9. Jeff Guo, "Women Are Dominating Men at College. Blame Sexism", *Washington Post*, 11 de diciembre de 2014, https://www.washingtonpost.com/news/storyline/wp/2014/12/11/women-are-dominating-men-at-college-blame-sexism/?utm_term=.69d88c5e4b57.

10. United States Department of Labor, Women's Bureau Issue Brief, junio de 2016, https://www.dol.gov/wb/resources/WB_WorkingMothers_508_FinalJune13.pdf.

11. United States Department of Labor.

12. United States Department of Labor.

13. United States Department of Labor.

14. BMO Wealth Institute, "Financial Concerns of Women", marzo de 2015, https://www.bmo.com/privatebank/pdf/Q1-2015-Wealth-Institute-Report-Financial-Concerns-of-Women.pdf, p. 2.

15. Ver Robert W. Fairlie et al., *The Kauffman Index of Startup Activity, 2016* (Ewing Marion Kauffman Foundation, agosto de 2016), disponible en www.kauffman.org/~/media/kauffman_org/microsites/kauffman_index/startup_activity_2016/kauffman_index_startup_activity_national_trends_2016.pdf.

16. American Express, "The 2017 State of Women-Owned Business Report", http://about.americanexpress.com/news/docs/2017-State-of-Women-Owned-Businesses-Report.pdf, p. 3. Los negocios cuyos dueños son mujeres se definen como los que son posesión, operados y controlados al menos en un cincuenta y uno por ciento por una o más mujeres.

17. United States Department of Labor, Bureau of Labor Statistics, BLS Report no. 1065, abril de 2017, https://www.bls.gov/opub/reports/womens-databook/2016/home.htm.

18. Pew Research Center, "Social Media Fact Sheet", de febrero de 5 2018, http://www.pewinternet.org/fact-sheet/social-media/.

19. Statista, "Percentage of Teenagers in the United States Who Use Snapchat", Statista.com, marzo de 2015, https://www.statista.com/statistics/419388/us-teen-snapchat-users-gender-reach/

20. Sandrine Devillard et al., "Women Matter 2016: Reinventing the Workplace to Unlock the Potential of Gender Diversity", McKinsey Global Institute, https://www.mckinsey.com/~/media/mckinsey/featured%20insights/women%20matter/reinventing%20the%20workplace%20for%20greater%20gender%20diversity/women-matter-2016-reinventing-the-workplace-to-unlock-the-potential-of-gender-diversity.ashx, p. 22.
21. Devillard et al.
22. Catalyst, "Women CEOs of the S&P 500", 6 de agosto de 2018, https://www.catalyst.org/knowledge/women-ceos-sp-500.
23. Valentina Zarya, "Female Founders Got 2% of Venture Capital Dollars in 2017", *Fortune*, 31 de enero de 2018, http://fortune.com/2018/01/31/female-founders-venture-capital-2017/.

## Capítulo 2: Cómo es la imagen de las ventas en el presente

1. Accenture, "U.S. Companies Losing Customers as Consumers Demand More Human Interaction", 23 de marzo de 2016, https://newsroom.accenture.com/news/us-companies-losing-customers-as-consumers-demand-more-human-interaction-accenture-strategy-study-finds.htm.

## Capítulo 3: El marco de los cuatro motivadores

1. Brennan, *Why She Buys*, p. 259 (ver intro., n. 1).
2. Liz Hampton, "Women Comprise Nearly Half of NFL, but More Wanted", Reuters, 4 de febrero de 2017, https://www.reuters.com/article/us-nfl-superbowl-women/women-comprise-nearly-half-of-nfl-audience-but-more-wanted-idUSKBN15J0UY.
3. Personal del Minnesota Vikings en conversación con la autora, n.d.
4. Minnesota Vikings, "Vikings and MSFA to Open New Mothers' Room at U.S. Bank Stadium", nota de prensa, 23 de agosto de 2018, https://www.vikings.com/news/vikings-and-mfsa-to-open-new-mother-s-room-at-u-s-bank-stadium.

5. Steve Bertoni, "WeWork Hits $20 Billion Valuation in New Funding Round", Forbes.com, 10 de julio de 2017, https://www.forbes.com/sites/stevenbertoni/2017/07/10/wework-hits-20-billion-valuation-in-new-funding-round/.

6. Michael Brown, Andres Mendoza-Pena, y Mike Moriarty, "On Solid Ground: Brick-and-Mortar Is the Foundation of Omnichannel Retailing", AT Kearney, 2014, https://www.atkearney.com/documents/10192/4683364/On+Solid+Ground.pdf/f96d82ce-e40c-450d-97bb-884b017f4cd7.

7. Ed Hammon y Noah Buhavar, "Buffett's Berkshire Hathaway Buys Stake in Pilot Flying J", Bloomberg.com, 3 de octubre de 2017, https://www.bloomberg.com/news/articles/2017-10-03/buffett-s-berkshire-hathaway-acquires-stake-in-pilot-flying-j.

## Capítulo 4: Motivador 1: Conectadas

1. United States Department of Labor, "General Facts on Women and Job-Based Health" (ver cap. 1, n. 3).

2. Bridget Brennan, "Would You Like Champagne with That Sofa? Restoration Hardware Bets Big on Experiential Retail", Forbes.com, November 13 de noviembre de 2015, https://www.forbes.com/sites/bridgetbrennan/2015/11/13/would-you-like-champagne-with-that-sofa-restoration-hardware-bets-big-on-experiential-retail/#479af4bb1c60.

3. Brennan, *Why She Buys*, p. 260 (ver intro., n. 1).

4. *Pretty Woman*, dirigida por Garry Marshall, Touchstone Pictures, Silver Screen Partners IV, y Regency International Pictures, 1990, película.

## Capítulo 5: Motivador 2: Inspiradas

1. Brennan, *Why She Buys*, p. 238 (véase intro., n. 1).

2. Bridget Brennan, "The Retailer Winning the Battle for Millennial Women", Forbes.com, 16 de noviembre de 2012, https://www.forbes.com/sites/bridgetbrennan/2012/11/16/the-retailer-winning-the-battle-for-millennial-women/#35d780076ea9.

3. Adaptado de Bridget Brennan, "We're All Millennials Now", Forbes.com, 16 de octubre de 2014, https://www.forbes.com/sites/bridgetbrennan/2014/10/16/were-all-millennials-now/#288c42e13241.
4. Brennan, "We're All Millennials Now".
5. Véase Bridget Brennan, "Three Strategies for Marketing to Millennial Women", Forbes.com, 12 de noviembre de 2013, https://www.forbes.com/sites/bridgetbrennan/2013/11/12/three-strategies-for-marketing-to-millennial-women/.
6. Adaptado de Bridget Brennan, "Avoid These Visual Mistakes When Marketing to Women", Forbes.com, 7 de octubre de 2015, https://www.forbes.com/sites/bridgetbrennan/2015/10/07/avoid-these-visual-mistakes-when-marketing-to-women/#4fff64cb5e50.
7. La comedia de situación de la televisión estadounidense ambientada en un amigable bar, que se emitió desde 1982 hasta 1993.

## Capítulo 6: Motivador 3: Confiadas

1. Laura M. Holson, "How Sephora Is Thriving amid a Retail Crisis", *New York Times*, 11 de mayo de 2017, https://www.nytimes.com/2017/05/11/fashion/sephora-beauty-retail-technology.html.
2. Brennan, *Why She Buys*, 245 (see intro., n. 1).
3. Frank V. Cespedes y Jared Hamilton, "Selling to Customers Who Do Their Homework Online", *Harvard Business Review*, 16 de marzo de 2016, https://hbr.org/2016/03/selling-to-customers-who-do-their-homework-online.

## Capítulo 7: Motivador 4: Apreciadas

1. "About Allstate," Allstate Insurance Company, consultado en línea 23 de septiembre de 2018, https://www.allstate.com/about.aspx.
2. Datos proporcionados por el Distrito MonteNapoleone.
3. Adaptado y actualizado de Bridget Brennan, "How to Deliver the Ultimate in Luxury Experiences, Italian Style". Forbes.com, 12 de julio de 2016, https://www.forbes.com/sites/

bridgetbrennan/2016/07/12/how-to-deliver-the-ultimate-in-luxury-retail-experiences-italian-style/#868b1946a894.

## Capítulo 8: Principales tendencias que impulsan los patrones de compra de las mujeres

1. Ruth Schwartz Cowan, *More Work for Mother* (New York: Basic Books, 1983), p. 18.
2. Bridget Brennan, "The Growth of Women in the Workforce and How Retailers Can Respond", Forbes.com, 28 de febrero de 2017, https://www.forbes.com/sites/bridgetbrennan/2017/02/28/the-growth-of-women-in-the-workforce-and-how-retailers-can-respond/#266f53524b1d.
3. Adaptado de Bridget Brennan, "Why Parents and Kids Now Aspire to the Same Brands", Forbes.com, 12 de marzo de 2012, https://www.forbes.com/sites/bridgetbrennan/2012/03/12/why-kids-and-parents-now-aspire-to-the-same-brands/#77b30eb92bd6.
4. Brennan, "We're All Millennials Now" (veáse cap. 5, n. 4).
5. Extracto de entrevista de Bridget Brennan, "Parallel Programming Attracts New Players", *PGA Magazine* y podcast de PGA of America *New Player Engagement Series*, agosto de 2016. Usado con permiso de la PGA of America.
6. Ronan J. O'Shea, "Luxury Hotel Provides Instagram Butlers to Help Guests Take the Best Shots", *Independent*, 18 de octubre de 2017, https://www.independent.co.uk/travel/news-and-advice/instagram-butlers-photos-hotel-maldives-resort-conrad-hilton-best-guide-a8006656.html.
7. Véase en Guru Guru, en https://guguguru.com/dominos_registry.
8. Bridget Brennan, "A Picture Is Worth 1,000 Likes: How to Create an Engaging Customer Experience at Retail", Forbes.com, 7 de abril de 2016, https://www.forbes.com/sites/bridgetbrennan/2016/04/07/a-picture-is-worth-1000-likes-how-to-create-an-engaging-customer-experience-at-retail/#306554ff431d.
9. Adaptado de Bridget Brennan, "From Farm to Label: The Wellness Trend in Marketing Goes Far Beyond Food", Forbes.

com, 12 de noviembre de 2014, https://www.forbes.com/sites/
bridgetbrennan/2014/11/12/from-farm-to-label-the-wellness-
trend-in-marketing-goes-far-beyond-food/#754ae02f2f56.

10. United States Department of Labor, "General Facts on Women
and Job-Based Health" (véase cap. 1, n. 3).

11. Adaptado de Bridget Brennan, "Marketing to Women? Age
Is Really Just a Number", Forbes.com, 14 de junio de 2016,
https://www.forbes.com/sites/bridgetbrennan/2016/06/14/
marketing-to-women-age-is-really-just-a-number/#1387b6a978d9.

12. AARP y Oxford Economics, "The Longevity Economy: How
People over 50 Are Driving Social and Economic Value in the
US", AARP.org, Septiembre 2016, https://www.aarp.org/content/
dam/aarp/home-and-family/personal-technology/2016/09/2016-
Longevity-Economy-AARP.pdf.

13. Shelagh Daly Miller, "Adults 50-Plus Now Dominate
All Consumer Spending", *Ad Age*, 18 de noviembre de
2015, basado en datos de US Consumer Expenditure
Survey, http://adage.com/article/aarp-media-sales/
adults-50-dominate-consumer-spending/301391/.

14. AARP y Oxford Economics, "The Longevity Economy".

15. Adaptado de Brennan, "Marketing to Women? Age Is Really Just a
Number" (véase cap. 8, n. 9).

16. "Changes in Composition of New Entrepreneurs by Age", en
Fairlie et al., *The Kauffman Index of Startup Activity, 2016*, fig.
5A (véase cap. 1, n. 12). Según los cálculos del autor, el 24,3
por ciento de los nuevos emprendedores están entre las edades
de cincuenta y cinco y sesenta y cuatro años, comparado con el
veinticinco por ciento para edades entre los veinte y los treinta y
cuatro.

17. Sandra B. Eskin, *Preneed Funeral and Burial Arrangements: A
Summary of State Statutes* (AARP Public Policy Institute, 1999),
https://assets.aarp.org/rgcenter/consume/d17093_preneed.pdf.

## Capítulo 9: Su Plan de Acción para la mañana del lunes

1. Vivian Hunt, Dennis Layton, y Sara Prince, "Why Diversity Matters", página web de McKinsey & Company, enero de 2015, https://www.mckinsey.com/business-functions/organization/our-insights/why-diversity-matters.

2. Adaptado de Bridget Brennan, "Marketing to Women? Creative Inspiration Is Closer than You Think", Forbes.com, 28 de abril de 2017, https://www.forbes.com/sites/bridgetbrennan/2017/04/28/marketing-to-women-creative-inspiration-is-closer-than-you-think/#77ca93333622.

3. Brennan, "Marketing to Women".

4. Brennan, "Marketing to Women".